LOS PORTUGUESES EN MAGALLANES

MATÍAS VIEIRA GUEVARA

Los Portugueses en Magallanes

Matías Vieira Guevara

ISBN 978 - 956 - 402 - 271 - 0
Registro propiedad intelectual 2020 - A - 4192

Punta Arenas, Chile
2025

À MEMÓRIA DO MEU AVÔ

ARTHUR DA CUNHA VIEIRA

ÍNDICE

Prólogo de la primera edición

Mateo Martinic Beros
Premio Nacional de Historia 2000
Academia Portuguesa de la Historia

Portugal está inseparablemente vinculado con Magallanes, nuestra patria chica. Lo está ciertamente y en primer lugar por haber sido la cuna del ilustre navegante Fernando de Magallanes, quien con su memorable expedición exploradora de 1520 incorporó al conocimiento universal la noción del paso interoceánico que desde entonces merecidamente lleva su nombre y sus territorios aledaños, Patagonia y Tierra del Fuego, con lo que, de paso, dio comienzo a la historia de Chile. También lo está por haber sido el suelo originario de otro afamado lusitano, José Nogueira, cuyas acciones empresariales fueron el fundamento del desarrollo comercial, de la navegación mercante intra y ultraterritorial y de la ganadería ovina extensiva, todas ellas devenidos pilares del gran progreso económico y de adelanto social de la región que alcanzó expresión áurea en los inicios del siglo XX. Pero, con todo su indisputable mérito, ambos personajes no fueron los únicos portugueses que de variada manera dejaron huella en el acontecer histórico regional, pues hubo muchos otros que también lo hicieron, siquiera por su mero paso y que son acreedores a la recordación colectiva.

Fue ésta, precisamente, la tarea que se impuso el autor Matías Vieira, movido tanto por su interés por la historia cuanto por el afecto profundo hacia su ancestro luso, como nieto que es de un portugués inmigrante a Chile en el transcurso de la segunda década del siglo XX donde formó familia cuya descendencia supera los tres centenares. La empresa no le parecía inicialmente sencilla pues sobre los portugueses más notables ya había suficientemente escrito, de modo que pudo pensar que difícilmente podía añadir algo que resultara novedoso. Sí, en cambio, tenía más posibilidades de lograrlo hurgando e investigando en diversas fuentes sobre el resto, de diferente relevancia. Y así decidió enfrentar el desafío auto impuesto. Capacidad para ello la tenía y probada con anteriores trabajos monográficos referidos a la historia sanitaria de Magallanes, para lo que hubo de servirle su profesión médica, de modo que el asunto bien merecía dedicación.

El resultado lo tiene el lector en sus manos con un libro cuyo sencillo título es suficientemente expresivo, "Los Portugueses en Magallanes", en el que con un planteamiento expositivo presenta la materia en tres partes[1]: **Los que vinieron, hicieron historia y se fueron; Los que vinieron y se quedaron en la historia** y, como cerrando un círculo, **El reencuentro con Magalhães**. De esta manera, desde un principio, con amenidad y talento literario, Matías Vieira va dando cuenta de la variopinta presencia lusitana en el tiempo, desde el recuerdo de cuantos acompañaron al gran navegante en el emprendimiento histórico original, siguiendo con los varios otros que aparecieron en el

---

[1] Cuatro partes en esta edición.

territorio meridional de América a lo largo de los cinco siglos transcurridos desde 1520 hasta el presente, con sus correspondientes ocurrencias y su debida ponderación. Al hacerlo, Vieira ha sabido manejarse con notable habilidad, sorteando así con éxito el riesgo de ser tenido por un mero repetidor de dichos y escritos ajenos, pues la relación correspondiente está hecha con originalidad, a veces muy ocurrente, con castizo lenguaje, elegante y ameno estilo. Estas consideraciones cobran aun mayor relevancia cuando el autor metido de lleno en la investigación ha conseguido recoger información novedosa por desconocida en algunos casos u olvidada en otros, con lo que, se reitera, la exposición no pierde interés y mantiene la atención del lector. De esta manera, a vía ejemplar, lo acontecido entre los lusos arribados y que se quedaron en Magallanes asume en mucho el carácter de una crónica histórica digna de ser conocida y así conforma una aportación valiosa a la historia social de la Región Magallánica.

El cierre del círculo, siguiendo las palabras del autor, se da en la tercera parte[2] que valoramos especialmente por el trato reflexivo y expositivo que el autor emplea en la misma, en que se abordan las características y circunstancias de la evolución que ha tenido en el sentimiento nacional portugués la consideración por la figura de Fernão de Magalhães, con su giro dramático desde haber sido tenido por un supuesto traidor a su nación a la condición de héroe máximo de ella, por la valorización de su conducta bien entendida según las circunstancias de su tiempo y el carácter del monarca con el que tuvo que interactuar el navegante. Asimismo, con la justiciera ponderación que la posteridad nacional lusa y la humanidad entera han hecho de su contribución admirable y excepcional al conocimiento geográfico universal y, por el hecho de su hazaña, a la evolución histórica global. De allí que con razón sobrada se le ha reconocido a Magallanes ser un genuino partícipe de la tradición náutica y exploratoria que honran y dan gloria histórica a Portugal entre los pueblos del orbe. Al ocuparse de esta materia, el autor la contextualiza y asocia con las circunstancias, personajes protagónicos y acontecimientos ocurridos durante el último siglo, desde 1920 hasta ahora, entre Portugal y Magallanes.

No es preciso ir más allá en la descripción del contenido, cuya apreciación final queda para el lector, pero sí en enfatizar la buena, excelente en verdad, forma en que el autor supo resolver las dificultades que se le presentaron al plantearse la preparación de este libro. Lo ha hecho con talento y seriedad, con respetuoso rigor por los sucesos históricos, con originalidad y amenidad, con un estilo atractivo por su elegancia y facilidad de lectura, permitiendo que el contenido de la obra sea ciertamente un aporte de interés para el mejor conocimiento de nuestro pasado. Pero Matías Vieira consigue algo más con su trabajo pues refresca, revaloriza y reinstala en y para la memoria magallánica el significado de la presencia y los hechos de los portugueses en la historia regional. Y ello enhorabuena, pues mejor no la hay que la del quinto centenario de la hazaña de nuestra por tantas razones

---

[2] Cuarta parte en esta edición.

figura epónima, Fernando de Magallanes, que estamos conmemorando en el tiempo que transcurre.

Punta Arenas, diciembre de 2019

Para una evocación de Fernão de Magalhães, quinientos años después.
(Extracto de la presentación de la primera edición)

José Manuel Garcia
Gabinete de Estudos Olisiponenses
Academia Portuguesa da História

Hace quinientos años un portugués encontró el estrecho de Magallanes y ahora, en buena hora, es evocado por un luso-descendiente.

En la vetusta ciudad de Porto, en donde nació el nombre de Portugal (=*Portus Gale*), tuvieron su origen dos portugueses ilustres, uno por haber iniciado y el otro por concretar el descubrimiento integral del mundo. Uno de ellos fue el infante D. Henrique, el que nació en 1394 y quien, hace seiscientos años, en 1420, comenzó a ordenar que se efectuasen los descubrimientos. Fueron éstos los que permitieron que el otro ilustre portuense aquí recordado, Fernão de Magalhães, nacido tal vez cerca de 1480, descubriera cien años después, en 1520, el estrecho que le permitió conocer al mundo tal como es.

Fernão de Magalhães logró encontrar y sobrepasar el en ese entonces fin del mundo, que era el extremo sur del continente americano, descubriendo así la vía occidental para la realización de su sueño, que era el de llegar a las Molucas con sus riquezas en especiarías. Y él halló el camino hacia su objetivo cuando encontró y cruzó el estrecho que lleva su nombre, haciendo así que Chile entrase en la Historia.

También Matías Vieira Guevara consiguió alcanzar su sueño, logrando realizar esta tan bella obra en donde enaltece a sus raíces. De hecho, y tal como Magalhães nació en Portugal, son de Portugal sus antepasados, y parte de su familia reside en el norte de este país.

Matías decidió honrar al país de sus abuelos en el país en que vive, y ha hecho con esfuerzo y cariño este trabajo tan valioso, en la línea de otros portugueses que se radicaron en la tierra descubierta por Magalhães y lo antecedieron, teniendo ahora en él a ese cronista tan acucioso, y que de esta manera los sabe también honrar.

Con su amor por la historia y por su tierra adoptiva, Matías concibió esta obra bella y completa, que une a Portugal con Chile en un momento histórico tan hermoso como es la conmemoración de los quinientos años del descubrimiento de ese último pedazo de tierra que faltaba por revelar.

El descubrimiento del canal de Todos los Santos, como Fernão de Magalhães llamó al estrecho que quedó con su nombre, permitió al país que hoy es Chile integrarse a la historia de la humanidad en uno de sus hechos más notables: la primera circunnavegación de la tierra. Además, este evento es tanto más significativo cuanto que fue su ejecución la que permitió obtener el conocimiento sobre la realidad de la forma de nuestro planeta.

En este contexto es además oportuno destacar la circunstancia de que Magalhães es un símbolo de la comunidad iberoamericana por haber marcado presencia en varios espacios de la Península Ibérica y de América del Sur. Esto puede ser constatado cuando verificamos hechos como los siguientes: nació en Porto, donde habitó durante su juventud; vivió parte importante de su vida en Lisboa; residió durante los últimos años que estuvo en Europa, y entre otras ciudades, en Sevilla, Valladolid y Barcelona; terminó después pasando entre 1519 y 1520 por regiones de Brasil, Uruguay, Argentina y Chile.

El origen del proyecto de Magalhães resultó como reacción al hecho de haberse sentido agraviado por D. Manuel I, por lo que quiso actuar contra los intereses de este monarca portugués, planificando llevar una armada castellana a las Molucas por una ruta occidental, fuera del dominio de Portugal, la que tendría que encontrar después de pasar por América. Quería demostrar de esta manera que estas islas muy lejanas pertenecían a Castilla, porque entretanto llegó a sostener que estaban ubicadas en la parte del mundo que le correspondía por el Tratado de Tordesillas, firmado en 1494 entre Portugal y España.

Carlos I, ávido de enriquecerse con el acceso a las valiosas especias asiáticas, aprobó el proyecto de Magalhães para conseguir lo que hasta entonces no había sido posible, porque los españoles no habían encontrado en América una conexión entre el océano Atlántico y el océano Pacífico que les permitiera navegar hacia el oriente. Por esta razón, y desde que entre 1497 y 1499 Vasco da Gama había descubierto la ruta marítima a la India, el comercio asiático se había reservado a los portugueses.

Al no encontrarse con el supuesto fin de América en el Río de la Plata, Magalhães, con inmenso coraje y determinación, avanzó desde la ribera sur de ese río para ir descubriendo tierras desconocidas, atravesando *"mares nunca antes navegados"*, siempre con rumbo sur. Se enfrentó a lo desconocido hasta encontrar el anhelado estrecho, después de innumerables sacrificios y problemas. En su desesperación por la búsqueda del paso hacia el Océano Pacífico, había llegado a declarar que estaba dispuesto, en su inmensa tenacidad, a subir a 75° S, porque, al contrario del escepticismo de sus compañeros, estaba convencido de su existencia. Quien confirmó claramente este hecho fue Pigafetta, al escribir que *"se non trovavamo questo streto, el capitanio generale haveva deliberato andaré fino a setentacinque gradi al polo Antartico"*.

En su largo y penoso viaje de descubrimiento, la armada tuvo que pasar el invierno en regiones inhóspitas y muy frías de Argentina, como lo fueron el Puerto de San Julián y el río de Santa Cruz, hasta que, finalmente, el 21 de octubre de 1520, Magalhães descubrió el *Cabo de las Vírgenes*, también llamado *Punta Dungeness*. Se marcó en los 52° 23' Sur el acceso al Estrecho de Magallanes, en el que este navegante logró materializar su deseo de encontrar la comunicación con el Océano Pacífico.

Después de abandonar el estrecho el 28 de noviembre de 1520 y de haber costeado el litoral de Chile hasta los 32° Sur, y después de haber pasado la latitud de Valparaíso, fue el 18 de diciembre en que Magalhães ordenó dirigirse hacia el noroeste, atreviéndose a internarse por un incógnito *"Mar del Sur"* al que llamó *"Pacífico"*. Después de cruzarlo, fue finalmente el 16 de marzo de 1521 cuando descubrió Asia en las islas Filipinas, que se encuentran al norte de las islas Molucas, que era adonde quería llegar.

Nos parece fundamental concluir que lo más notable en toda esta historia fue que Magalhães, habiendo logrado descubrir lo esencial de la forma de América del Sur entre

1519 y 1520, logró continuar su extenso viaje, hasta que en 1521 pudo percibir la totalidad de la Tierra tal como realmente es. Es simplemente esta realidad la que nos permite afirmar que hubo un conocimiento del mundo antes de, y otro después de, los viajes de Fernão de Magalhães.

Matías Vieira, habiendo abordado el viaje de Magalhães y sus compañeros, enumerando entre ellos a los muchos portugueses que en él participaron, se ocupa de otras expediciones, en los que también tomaron parte los portugueses, hasta centrar su atención en otro protagonista portugués en la historia del Estrecho de Magallanes, y quien fuera José Nogueira. Este hombre, nacido en Vila Nova de Gaia, donde Magalhães había poseído propiedades, llegó a Chile en 1866 y allí cobró relevancia. Fue seguido por otros portugueses de la diáspora cuyos descendientes en Chile, como Matías Vieira, continúan honrando el nombre de Portugal con su trabajo y presencia, tal como lo hizo Magalhães al dejar su nombre en esa tierra del extremo sur del continente americano.

Lisboa, junio de 2020.

Los Portugueses en Magallanes
(Extracto del comentario de la primera edición)

Marino Muñoz Agüero
"Lecturas desde la pampa y el viento"
Columna semanal de El Magallanes, edición dominical de La Prensa Austral

La importancia de Portugal en la historia de la región de Magallanes es tal, que le debe su denominación al más ilustre de los hijos de dicha nación: Fernando de Magallanes quien, en 1520, descubrió para occidente el paso marítimo que hoy lleva su nombre y el territorio de Chile, en una expedición que completó la primera vuelta al mundo hasta ahora conocida. De ahí en más y como nos ilustra Matías Vieira en el texto que hoy reseñamos, han quedado en nuestra historia personajes conocidos y anónimos de ascendencia lusitana.

El libro se divide en tres partes: "Los que vinieron, hicieron historia y se fueron", "Los que vinieron y se quedaron en la historia" y "El reencuentro con Magalhães". El autor va más allá de personalidades como Fernando de Magallanes o José Nogueira; efectúa un acucioso catastro de los portugueses que arribaron a la zona, tanto en la primera inmigración (finales del siglo XIX) como en la segunda (inicios del siglo XX) siguiéndole la pista en cuanto a la formación de las familias y el detalle de la descendencia. Similar tarea emprende respecto de descendientes con presencia en la actualidad en Magallanes, en relación a los cuales expone la genealogía y recoge algunos testimonios. El autor desarrolla también una línea investigativa en cuanto a la institucionalidad de la colonia, al exponer y analizar la información proveniente de los registros de la Sociedad de Beneficencia Portuguesa, cuya labor asistencial se proyectó a la comunidad en su conjunto; baste mencionar los aportes para la prestigiosa Escuela Portugal.

En relación a Fernando de Magallanes, el autor es claro: "No me referiré en profundidad a Fernão de Magalhães, que connotados autores ya lo han hecho". No obstante lo señalado, nos parece interesante el desarrollo de la tercera sección[3] en la cual se expone la reivindicación del navegante, que pasó de ser un aparente traidor a su patria por haber trabajado con la corona española, hasta llegar al lugar que ocupa a la fecha en la historia de Portugal. A nivel regional, tal como sostiene Vieira, este proceso se habría iniciado en 1920, con las celebraciones del cuarto centenario del arribo del marino a estas tierras[4].

Vieira investigó en abundante bibliografía, en el Registro Civil y Consulado de Portugal de Punta Arenas, en la prensa escrita local, en los libros de actas y registros de la Sociedad de Beneficencia Portuguesa y de la Colonia Portuguesa de nuestra ciudad, en los archivos del Cementerio Municipal Sara Braun y en documentos y fotografías de familias locales de ascendencia lusitana.

---

[3] Cuarta en esta edición.
[4] En realidad, sostengo que recién en el cuarto centenario de la expedición de Magalhães se aceptó en plenitud a su figura como héroe de Portugal, pero el proceso, con toda su polémica, se venía fraguando desde hacía casi un siglo.

"Los Portugueses en Magallanes" es un texto en el que se resume la presencia de los lusitanos en nuestro territorio, va desde las grandes epopeyas, hasta las pequeñas historias. Esta es la contribución de Vieira en su libro: recoger -y a la vez reconocer- a quienes, en busca de un mejor devenir aportaron lo suyo a nuestra historia social y han permanecido en el anonimato. Lo hace mediante un relato ameno, apoyado en citas bibliográficas, cifras y atractivas ilustraciones y fotografías. Es un libro honesto, de un escritor que también lo es y que nos deja en claro cuál fue su trabajo, y cuál es el que corresponde a otros autores a los cuales recurre. Esta honestidad le ayuda a referirse con absoluta imparcialidad a personajes e instituciones con sus luces y sombras, como lo hace con Magallanes y Nogueira o, por ejemplo, en relación a la "falta de prolijidad" de integrantes del directorio de la Sociedad de Beneficencia y va más allá: en la sección intitulada "Los portugueses malos" alude a los inmigrantes que habrían tomado parte de hechos condenables, como algunos que habrían participado en las persecuciones y muertes de indígenas fueguinos a fines del siglo XIX.

Punta Arenas, febrero de 2022.

Presentación de la primera edición en la Universidad de Magallanes
(Extracto)

Marcelo Mayorga Zúñiga
Académico
Facultad de Educación y Ciencias Sociales
Universidad de Magallanes

Como bien indica quien escribió el prólogo del texto, el historiador Mateo Martinic, respecto de los portugueses y su huella en nuestra región, esta nación ha sido protagonista de momentos tan importantes como la primera circunnavegación del globo terráqueo y, poco menos de cuatro siglos después, de los prolegómenos de la industria ganadera ovina en Patagonia. De modo tal, que la frase que recoge Matías Vieira al finalizar el libro, *"pocos, pero significativos"*, adquiere verdadero sentido.

Quiero destacar en primer término la facilidad de escritura, de redacción, por parte del autor, lo que realmente ayuda a que el texto pueda ser leído fácilmente, sin tener que desandar en la lectura, virtud que seguramente comenzó a demostrar o desarrollar en las aulas, donde pudo nutrirse de la experiencia y talento de Roque Esteban Scarpa. Debe tenerse en cuenta que la profesión del autor está vinculada a la medicina, y aun cuando tiene formación en el área artística, sin poseer estudios relativos a la disciplina historiográfica, sortea esto con gran habilidad y oficio en la tarea que se autoimpuso. De modo tal, y a pesar de la circunstancia de que hay varios aspectos que han sido ampliamente tratados, según el mismo autor nos refiere, particularmente respecto del capítulo I, supo igualmente construir una obra original, profundizando en algunos aspectos poco tratados y dando a conocer una amplia gama de antecedentes que vienen a revalorizar la presencia portuguesa en la historia patagónica.

El capítulo III[5] versa sobre la percepción de la figura del navegante portugués Magallanes por parte de sus connacionales. El autor concluye que "Lo cierto es que Magalhães nunca traicionó a Portugal, sino al contrario: Portugal traicionó a Magalhães". Al respecto, nos aporta una novedosa mirada de la vida de este personaje, más allá de los que se suele señalar, el rechazo por parte del rey Manuel I, que lo hizo solicitar apoyo en la corona española. El autor aquí argumenta muy bien su tesis y, haciendo gala de su buena pluma, apoyado en los poetas Luis Vaz de Camões y Fernando Pessoa, nos explica aquel trabajoso proceso reivindicatorio de la figura de Magallanes.

Mención especial son la serie de antecedentes que otorga respecto de las actividades llevadas a cabo en Santiago y Punta Arenas en el año 1920, por razón de la conmemoración de los 400 años del paso del lusitano por el estrecho. Dedica también varios párrafos a la visita del presidente Mário Soares, donde amenamente nos da cuenta de una serie de aspectos novedosos y otros anecdóticos.

---

[5] Capítulo IV en esta edición.

El capítulo II, **Los que vinieron y se quedaron en la historia**, considero que es un gran y real aporte para la historia de nuestra región, pero me refiero a la historia del tejido social magallánico donde, por ejemplo, la Sociedad de Beneficencia Portuguesa cumplió un lugar destacado, aspecto que el autor supo subrayar magistralmente.

Por cierto, el autor refiere antecedentes del epítome del inmigrante portugués José Nogueira. Sin embargo, el real aporte y protagonismo se lo llevan aquellos personajes que llegaron a instancias de Nogueira o en la segunda oleada de inmigrantes a contar del tercer lustro del siglo XX. Aquella *"inmigración solapada, gota a gota"*, como la llama el autor, quien logra recopilar valiosa información familiar, recogida de los descendientes de los primeros arribados a Magallanes, y es en medio de estos relatos, donde es posible escudriñar datos, anécdotas, etc., que nos retrotraen a aquella época, y nos hacen valorizar el esfuerzo y legado de los antepasados.

Felicito al doctor Vieira por la excelente faena realizada, y no me queda más que recomendar la lectura de su libro a todos quienes tengan interés por mejor conocer la historia de Magallanes, y con especial atención lo leerán aquellas personas descendientes de portugueses.

Culmino con la frase recogida por el autor del discurso dado por Alberto de D'Oliveira en 1920, y que bien caracteriza a Portugal: *"Una nación bañada por el mar nunca es pequeña, puesto que todo el mar es su tierra"*.

Punta Arenas, diciembre de 2021

Primera Parte

LOS QUE VINIERON, HICIERON HISTORIA Y SE FUERON

Fernão de Magalhães y sus paisanos - Simão de Alcazaba y su colonización fallida - Nuno da Silva, el piloto del corsario Drake - Portugueses en la tragedia de Pedro Sarmiento de Gamboa - La flotilla de los hermanos Nodal - Tripulantes en otras expediciones

"Ó mar salgado, quanto do teu sal
São lágrimas de Portugal!"

Fernando Pessoa

Fernão de Magalhães y sus paisanos

Chile dio el nombre de Magallanes a la franja chilena de su hazaña, como quien devuelve sus derechos al voceador de aquellas postrimerías australes. Y hasta en los poemas que hacemos allá, en la pradera volteada de viento, llevan sobre su bulto de aire la marca del luso mayor.

Gabriela Mistral

El primer europeo que pisó tierra chilena fue un portugués, como se verá.

No me referiré en profundidad a Fernão de Magalhães (Fig. 1.1), que connotados autores ya lo han hecho -y muy bien- en sus obras, desde Pastells y Medina en 1920, Zweig en 1936, Riesenberg en 1939, Brzovic en 1983, Garcia en 2007 y 2019, hasta Martinic en 2017 y 2020, pasando por muchos otros. Más no podría, ni tengo los conocimientos para, aportar en la materia. El propósito principal de este libro es indagar sobre los portugueses que han transcurrido por la tierra que lleva el apellido del ilustre marino, castellanizado como *Magallanes*, sea como aves de paso o quedándose en ella para siempre. Hacia el final de esta modesta obra volveré sobre don Fernão, reflexionando en la forma como fue pasando, en la cultura portuguesa, de ser considerado un traidor a la patria hasta devenir en héroe de la misma, proceso cuya decantación conllevó cerca de cuatrocientos años.

Fig. 1.1. Retrato de Fernão de Magalhães en el Kunsthistorisches, Viena.

António Costa, Primer Ministro de Portugal, decía en 2019:

Fig. 1.2.

No un siglo, pero casi veinte años antes de la hazaña de Fernão de Magalhães, en 1501 y por orden del Rey D. Manuel de Portugal, zarpó de Lisboa la expedición exploratoria comandada por el capitán Gonçalo Coelho, llevando en su tripulación al célebre cosmógrafo florentino Amerigo Vespucci[7] en calidad de asesor geógrafo (Fig. 1.2). Ha sido erróneamente afirmado que habrían llegado a la boca oriental del estrecho, puesto que entre sus cuatro viajes, lo más lejos que llegó Vespucci fue hasta los 50° de latitud sur[8]. En todo caso el cosmógrafo intuyó su existencia, y sus informaciones y escritos sirvieron de base para varias expediciones en su búsqueda. Tal fue el caso de la de otro portugués, João de Lisboa, cerca de 1514, *con mucho de misteriosa y a la que se ha atribuido incluso el hallazgo de un canal transcontinental austral, supuestamente el actual estrecho de Magallanes*[9]. Sí así hubiese sido, la publicidad no fue suficiente, y su travesía, como varias de la época, abundó en pena pero escaseó en gloria. Lo que sí está claro es que descubrió el Río de la Plata.

---

[6] A. Costa (2019). *Fernão de Magalhães, el portugués que abrazó toda la tierra.*
[7] Amerigo Vespucci recibió en 1505 la naturalización en los reinos de Castilla y León. Falleció en Sevilla en 1512.
[8] C. Sanz (1979). *DESCUBRIMIENTOS GEOGRÁFICOS.* Pág. 223.
[9] M. Martinic B. [2017]. *UNA TRAVESÍA MEMORABLE.* Pág. 50 (2020).

Este João de Lisboa, a pesar de servir al rey de Portugal, más tarde podría haber tenido ocasión de relacionarse con Magalhães -cuando éste ya residía en Sevilla- y aconsejarlo en lo concerniente a su proyecto. En todo caso, éstas son sólo especulaciones, y tanto las navegaciones de Coelho como la de Lisboa, así como de sus resultados, probablemente eran secreto de estado, puesto que según un edicto de 1504 estaba prohibido, bajo pena de muerte *dar noticias sobre la navegación más allá del río Congo, para que ningún extranjero pueda aprovechar los descubrimientos de Portugal*[10]. Si estos adelantados llegaron al estrecho o lo navegaron, es misterio que probablemente nunca será resuelto, ya que las bitácoras de navegación seguramente se perdieron en el terremoto, maremoto e incendio de Lisboa acaecidos en 1755.

A la hora de contratar Magalhães a la dotación de la *Armada de Molucas*, quiso alistarse una gran cantidad de portugueses, los cuales eran de reconocida fama como avezados hombres de mar. Las autoridades españolas, sin embargo y con justa razón, y más aún por las circunstancias históricas, desconfiaban de su lealtad, y la Casa de Contratación convenció al rey de no autorizar a más de cinco[11]. Finalmente, Magalhães logró persuadir a Carlos I y se permitió el embarque de una treintena, entre oficiales y marineros. Se sospecha, eso sí, que unos diez más se embarcaron haciéndose pasar por gallegos, cosa fácil por lo demás dada la similitud de sus lenguas, probablemente indistinguibles para la mayoría de las autoridades sevillanas.

Fig. 1.3.

Entre la oficialidad, al inicio de la expedición, sí había una marcada presencia portuguesa, sin contar a Magalhães, quien comandaba, en calidad de capitán general, tanto a la escuadra toda como a la nao capitana *Trinidad*. El piloto de la misma era Estêvão Gomes de Elorriaga, luso y al parecer algo vasco a juzgar por su segundo apellido, quien, al

[10] S. Zweig [1936]. *MAGALLANES*. Pág. 70.
[11] Ibíd. Págs. 103 - 105.

desertar de la expedición terminó descubriendo las Malvinas. Al zarpe, en la *San Antonio* eran todos españoles. El portugués Alvaro de Mesquita, *primo carnal* del capitán general y nacido en Estremoz, integraba la tripulación de la *Trinidad* y luego reemplazó a Juan de Cartagena en el mando de la *San Antonio*. En la nao *Concepción* el piloto era el portugués João Lopes Carvalho, y en la *Victoria* (Figs. 1.3, 1.4 y 1.5) lo era su coterráneo Vasco Galego, quien falleció de enfermedad en febrero de 1521 en la misma nave. Hay que agregar a Duarte Barbosa, el joven primo de la mujer del capitán general, en la *Trinidad*, a quien le cupo decisiva participación en la sofocación del motín de San Julián, y muerto en la *sorpresa de Cebú*. João Rodrigues Serrão, quien habría nacido en Freixinal[12], comandaba a la *Santiago*. Varios embarcaron a algunos familiares cercanos, como fueron los casos de uno o dos hijos de Vasco Galego, uno de los cuales era Vasco Gomes de Galego, muchacho que sobrevivió y regresó a España en la *Victoria*; Francisco, paje de Magalhães e hijo de Alvaro de Mesquita, muerto también en Cebú. En Brasil se embarcó Joãozinho, el hijo mestizo de Carvalho, igualmente en calidad de paje.

Fig. 1.4. Museo *Nao Victoria* en PuntaArenas, con la réplica en tamaño realde la misma. Foto del autor (2012),

Entre los marineros rasos y otras gentes de mar naturales de Portugal hay constancia de Alonso Gonçalves, despensero de la *Victoria* y oriundo de Guarda, quien abandonó la expedición y se quedó en la isla de Maug, en las Marianas, donde fue muerto a fines de agosto de 1522; fue también contratado el portugués António Fernandes, natural de Lisboa y avecindado en Sevilla, para oficiar de intérprete, tarea que también cumplía el esclavo de

---

[12] Dato registrado por el cronista Fernão Lopes de Castanheda, quien en 1554 escribió la *História do Descobrimento e Conquista da Índia pelos Portugueses*. Citado por José Manuel García en *A VIAGEM DE FERNÃO DE MAGALHÃES E OS PORTUGUESES*. Págs. 254 y siguientes (2007).

Magalhães, Enrique de Malaca. En la *Victoria* servían también el marinero Domingos Português, natural de Coimbra, quien falleciera durante la travesía del Pacífico en diciembre de 1520; el mozo Simão de Burgos, quien para embarcarse se declaró natural de la ciudad de su apellido, y cuyo nombre verdadero habría sido Simão Alvares, tomado prisionero en la isla de Santiago en julio de 1922, y quien regresó después a Portugal y España; y los pajes Alfonso de Moura -sirviente de Luis de Mendonça, muerto en diciembre de 1520- y Fernão Lopes, quien se embarcó en Tenerife y murió en la *Trinidad* en septiembre de 1521. Martin de Magalhães, quien había sido paje del rey de Portugal[13], oriundo de Lisboa y embarcado inicialmente en la nao *Concepción*, primo del capitán general, falleció a bordo de la *Victoria* en julio de 1522; António Fernandes, supernumerario de la dotación de la *San Antonio*, provenía de la Morería de Lisboa. En la *Concepción* viajaban también los marineros Francisco Rodrigues, vecino de Sevilla, quien no sabía leer y que afirmó inicialmente que era castellano y quien luego pasó a la *Victoria*, regresando en ella a España. Cristovão da Costa, portugués avecindado en Jerez de la Frontera, quien murió cerca del Cabo de las Palmas en junio de 1522; João Fernandes de Tuy -quien murió en septiembre de 1522- y los otros supernumerarios João da Silva, primo de la mujer de Magalhães y parece que de aviesas intenciones -se dice que era espía del rey de Portugal- natural de la isla Graciosa y embarcado en la *Concepción*, y a quien, en Cebú *(...) Magallanes pensó dejarle allí de asiento. Allí quedó, en efecto, pero muerto, el 1° de mayo de 1521*; Gonçalo Hernandes, abandonado en Brunei cuando las naos se dieron a la fuga, escapando de un supuesto ataque de los aborígenes, lo mismo que el despensero Blas Afonso, quien embarcó en Tenerife; Luis Afonso de Góis, portugués avecindado en Ayamonte, supernumerario de la *Trinidad*, murió en la *sorpresa de Cebú* el 1 de mayo de 1521; João do Grijó iba en la *Trinidad* como grumete, y murió en la navegación por el Pacífico en septiembre de 1522; Alonso de Evora, natural de Moura, hombre de armas que murió de enfermedad el 23 de diciembre de 1520; Sebastião Ortis provenía de la localidad española de Yelbes pero nació en Portugal, y se embarcó como grumete en la nao *Trinidad*, falleciendo en la travesía del Pacífico en septiembre de 1522. Y entre los criados de Magalhães figuran cuatro portugueses: Cristóvão Rebelo, natural de Porto, quien murió con el capitán general en el enfrentamiento de Mactán, Nuno Fernandes -también conocido como *Nuno Português*-, natural de Montemor-o-Novo, quien murió en Cebú en 1521; Fernão Português -o Rodrigues-, de Guimarães, fallecido en marzo de 1521 y Gaspar Dias, de la isla Graciosa de las Azores. Otros embarcados en la *Trinidad* fueron los marineros Domingos Alvares, -también conocido como Domingos de Covilhã-, quien falleció a bordo de la *Victoria* muy cerca de la costa occidental de África, en junio de 1522; Anton de Goa, -conocido como *Loro* y muerto en Cebú-, Luis Peres -avecindado en Beas-, portugués que se hizo pasar por gallego, apresado en Ternate y muerto en mayo de 1525 en Cochim; los supernumerarios Gonçalo Rodrigues, herrero, vecino de Estremoz y natural de Leiria, y

---

¹³ Ibíd.

Nuno Gonçalves. Se menciona también a un da Silva, de Coimbra[14]. Y, por último, dos hombres poco conocidos: un Estêvão Dias, quien habría sido hijo de un abad de Beira[15], y un grumete llamado Guillermo Vaz, el que murió ahogado al caer al agua en Río de la Plata. Parece que no venían portugueses en la nao *Santiago* aparte de su capitán João Rodrigues Serrão.

Fig. 1.5. Réplica de la nao *Victoria* en Sanlucar de Barrameda (Diario El Mercurio, 2019).

Concedidas las objeciones de eventuales confusiones o dudas de nombres o malentendidos sobre sus reales orígenes, es de ver que al zarpe de la Armada de las Molucas viajaban en ella más de treinta portugueses[16] [17].

Tras el cruce del Atlántico y llegados a Brasil, y habiendo solucionado Fernão de Magalhães el conflicto de poderes que se había suscitado con Juan de Cartagena con el apresamiento de éste, llamó a su lado a João Lopes Carvalho, de cuya lealtad el capitán general nunca dudó. João, en consecuencia, se trasbordó de la *Concepción* a la *Trinidad*, pasando a ser la mano derecha del gran comandante. También fue su consejero de navegación, puesto que conocía bien el litoral oriental sudamericano por haberlo navegado en ocasiones anteriores y por haber vivido cuatro años en el Brasil[18]. Tanto era así que uno de los pajes de la travesía era su hijo, -como se señala más arriba- fruto del amor con una

---

[14] Ibíd.

[15] Ibíd.

[16] J. T. Medina (1920). *EL DESCUBRIMIENTO DEL OCÉANO PACÍFICO. VASCO NÚÑEZ DE BALBOA, FERNANDO DE MAGALLANES Y SUS COMPAÑEROS.* Capítulo X.

[17] J. M. Garcia (2007). *A VIAGEM DE FERNÃO DE MAGALHÃES E OS PORTUGUESES.* Capítulo 6.

[18] A. Pigafetta [1524]. *PRIMER VIAJE EN TORNO DEL GLOBO.* Pág. 16 (1970).

indígena carioca[19]. Y a este *português marinheiro*, de tan novelesca vida, le tocaría la suerte y la fama impensadas de ser el primer europeo en pisar tierra chilena. Y su hijo Joãozinho, el primer brasileño en navegar el océano Pacífico. Joazinho desapareció en condiciones dramáticas, ya que fue abandonado en Brunei cuando las naves comandadas por su propio padre estuvieron a punto de ser abordadas por los naturales en una manifestación de bienvenida, dándose a la fuga creyendo que era un ataque[20]. João Lopes Carvalho murió en las Molucas en febrero de 1522[21].

Todavía en busca de la ruta occidental hacia las Molucas, Magalhães decidió invernar en la protegida bahía de San Julián. Al día siguiente de la recalada se desencadenó el motín que venían fraguando los capitanes y oficiales españoles, entre los que se encontraban el infaltable Juan de Cartagena, y nada menos que el maestre Juan Sebastián Elcano quien, traidor y todo, a la postre terminaría comandando a la única nao que completaría la primera circunnavegación de la tierra. La primera acción de los insubordinados fue el abordaje nocturno y toma de la *San Antonio* y el apresamiento de sus oficiales, los cuales fueron engrillados y la nave puesta al mando de Elcano. La revuelta, no obstante lo sorpresivo y eficaz de su inicio, fue sofocada rápidamente, concluyendo con un saldo de sólo dos muertos en los incidentes y un ajusticiado. Los portugueses apoyaron lealmente a su capitán general. Entre ellos destacó Duarte Barbosa quien, en un golpe de audacia, se hizo del mando de la *Victoria*.

En cuanto a Elcano, inicialmente condenado a muerte, se le perdonó la vida, y según el historiador portugués José Manuel Garcia *(...) Hasta la llegada a Filipinas, su protagonismo era nulo. (...) Fue la quinta opción de mando de la flota después de Magalhães, Barbosa, Carvalho y Espinosa*[22].

La prolongada espera en ese largo, oscuro y frío invierno de San Julián, y sobre todo tedioso, agotó la paciencia del capitán general, quien decidió enviar una misión exploratoria hacia más al sur. Nunca lo hubiera hecho. La nao *Santiago*, la más pequeña y al mando de João Rodrigues Serrão, terminó por encallar y naufragar en la desembocadura del río Santa Cruz. Aunque sufrieron la pérdida de sólo un marinero, el resto de la tripulación debió pasar once días caminando por la playa y la helada estepa hasta llegar a San Julián, alimentándose exclusivamente de raíces y hierbas.

Así las cosas y reanudada la navegación a comienzos de la primavera con las cuatro naves restantes, el 21 de octubre de 1520 y al tercer día de luna creciente, la *Armada de Molucas* ingresó al tan ansiado paso interoceánico. A poco andar, la superposición de colinas costeras en lontananza hacía imposible saber si estaban en un golfo o en el comienzo de la gran conexión marítima que los llevaría al Mar del Sur. Empinado sobre los cien metros de altura, destacaba sobre los demás promontorios un cerro, después conocido

---

[19] M. Martinic [2017]. Pág. 102 (2021).
[20] J. T. Medina (1920). Pág. CCCCI.
[21] J. M. Garcia (2007). Pág. 105.
[22] Citado por J. M. del Barrio (2019). *Magallanes y Elcano. A vueltas con la primera vuelta al mundo.*

como monte *Dinero*, el cual fue elegido por Magalhães para hacer las veces de atalaya, y allí mandó en un bote a João Carvalho a que se encaramara y oteara el horizonte (Fig. 1.6).

Fig. 1.6. *Monte Dinero*. **Foto del autor, tomada desde** *Punta Dúngeness* **(2018).**

Si bien la maniobra no sirvió de mucho, puesto que desde esa altura no se lograba divisar la continuación del estrecho, el piloto portugués João Lopes Carvalho bajó de ese cerro entrando en la historia, por ser el primer europeo en pisar suelo que luego sería chileno. En conmemoración de este hecho, en 2002 se erigió un monolito en su cima con una gran placa de bronce que lleva grabada una leyenda alusiva (Figs. 1.7 y 1.8)[23].

Siguió avanzando la pequeña flota, siendo atisbados a escondidas por los asombrados habitantes de los márgenes del estrecho, como tan bellamente relata Patricia Stambuk: *(...) elijo esta orilla del pasaje austral, en algún lugar de esas costas bajas que demarcan a uno u otro lado el ingreso al gran canal por el océano Atlántico, para imaginar a las tribus locales -que jamás habían recibido visita alguna-, observando el avance de cuatro extrañas embarcaciones, enormes para ellos, cimbrándose ante sus ojos, haciendo ruidos terribles, iluminando la noche, como si llevaran una luna adentro*[24]

Tras peripecias que no mencionaré en esta compendiada reseña por no venir al caso de su propósito, nos reencontramos con el último portugués de quien tenemos noticias en la expedición magallánica. Se trata de Estêvão Gomes, el único de sus paisanos que traicionó a Fernão de Magalhães. Marino de capacidad probada, experimentado navegante, en sumomento había presentado su propio proyecto a la corona española para llegar a las islas de las especias navegando hacia occidente. Al darse prioridad a la empresa de Magalhães, Gomes terminó integrando la expedición de éste. No pudo, por cierto, asumir su frustración ni siquiera con el paso del tiempo, el cual en las mentes equilibradas suele enfriar las pasiones. Muy por el contrario, su resquemor y su envidia hacia el capitán general se fueron exacerbando a medida que se avizoraba la gran probabilidad de que la

[23] M. Martinic B. [2017]. Págs. 116 - 119 (2020).
[24] P. Stambuk M. (2020). *La última isla del mundo y su historia jamás contada.* Pág. 191.

Fig. 1.7. El profesor Mateo Martinic y el autor, en el monolito que conmemora el primer lugar en que puso pie un europeo en el territorio que más adelante sería parte de Chile. Foto de Mariela Kusic (2019).

Armada de Molucas llegase al término de su cometido con honor, gloria y riquezas. Pigafetta, sin embargo, lo retrata como español y de nombre Esteban Gómez. El cronista lombardo refrenda sus antecedentes y los motivos de su odio, recalcando que *(...) lo que más le irritaba era encontrarse bajo las órdenes de un portugués*[25]. Alistado inicialmente como piloto de la *Trinidad*, luego del motín de San Julián fue trasbordado con el mismo rango a la nao *San Antonio*, bajo las órdenes de Álvaro de Mesquita, quien no era muy ducho en el arte de navegar, pero primo del capitán general, lo cual no hizo más que incrementar su aversión.

Fig. 1.8. Foto del autor (2019).

---

[25] A. Pigafetta [1524]. Pág. 35 (1970).

Fernão de Magalhães, ante la certeza de la pronta salida al Mar del Sur, y aprovechando la momentánea detención al enfrentar la isla Dawson, que dividía el trayecto en dos canales, reunió a sus oficiales y les pidió sus opiniones sobre le pertinencia de continuar la navegación, materia sobre la cual creía pisar sobre seguro, puesto que a esas alturas la gente estaba optimista sobre el buen éxito de la expedición. En general hubo un acuerdo complaciente, pero Estêvão Gomes estuvo a punto de trastocarlo todo con opiniones sólidas y convincentes, arguyendo que la misión ya estaba cumplida, quedaban pocos bastimentos y las naves estaban maltrechas, por lo que era hora de regresar a casa[26]. No contento con este fallido intento de abortar la expedición, y estando en faenas exploratorias por la costa oriental de la isla Dawson y lejos de la vista del resto de la escuadra, Gomes intentó convencer al capitán Álvaro de Mesquita de traicionar a su pariente y regresar a Sevilla. Esto sólo lo consiguió a viva fuerza, y con Mesquita hecho prisionero, la nao *San Antonio*, la más rápida, la más grande y la menos mermada de víveres de entre todas las naos, desertó y emprendió el viaje de regreso un día 8 de noviembre de 1520 bajo el mando de un portugués traidor y cobarde, quien bien pudo haber sido en realidad un español, como parece indicar su sospechoso segundo apellido vasco[27].

Simão de Alcazaba y su colonización fallida

En 1525, en un intento de alcanzar y dominar las Molucas surcando el Estrecho de Magallanes, una flota partió de A Coruña bajo el mando del comandante García Jofré de Loayza. Ninguno de sus siete poderosos barcos llegó a su destino, y no había portugueses entre sus tripulaciones, por lo que no abundaré en esta desastrosa expedición. También el veneciano Sebastián Caboto comandó una expedición con los mismos fines, que terminó explorando el Río de la Plata y sus afluentes, en una empresa que le llevó entre 1526 y 1530. A su regreso a España fue juzgado por cambiar los objetivos de su misión y se le condenó al destierro.

En 1529 la reina Isabel, hija del rey D. Manuel de Portugal, la que gobernaba España en ausencia de su esposo Carlos V, el que había viajado a Italia a coronarse Emperador de los Romanos, había encargado al marino Simão de Alcazaba y Sotomayor una expedición que debía descubrir y poblar los territorios bañados por el Mar del Sur, desde los límites meridionales de la gobernación del capitán Francisco Pizarro, hasta el estrecho de Magallanes. Para ello Alcazaba debía autofinanciarse, cosa que a la postre no logró, porque a diferencia de Pizarro, a quien la soberana encargó la conquista de los territorios de más al norte, al decir de Diego Barros Arana, *(...) era un hombre de pocofundamento, cuyo juicio, según los que lo conocieron, no estaba a la altura de su ambición*[28].

---

[26] P. Pastells (1920). Pág. 112.

[27] M. Martinic [2017]. Págs. 173 y siguientes (2020).

[28] D. Barros A. (1883). Tomo I págs. 147 y siguientes.

Se desconoce la fecha y el lugar exactos del nacimiento de Alcazaba. Sólo se sabe que era portugués y que al parecer no era trigo limpio. Requerido por la justicia, huyó de su país para establecerse en España en donde logró, como se relata más arriba, granjearse la confianza de la reina Isabel. Pese a la cercanía familiar entre las monarquías de España y Portugal, las hostilidades entre ambas potencias coloniales se mantenían. Simão de Alcazaba no fue extraditado y, por el contrario, tras los fracasos de Jofré de Loayza y de Caboto, se le encomendó el mando de una nueva expedición para alcanzar las Molucas por la ruta que había trazado Fernão de Magalhães, lo cual no hizo más que acrecentar en las fiscalías portuguesas las acusaciones de traición a la patria. Estando en los preparativos para dicha misión, y para financiar su viaje a la asunción imperial, Carlos V vendió a Portugal sus derechos sobre las islas de las especias, cancelando la expedición.

Esto no impidió que el monarca, ya emperador, dictaminara que los casi desconocidos territorios indianos al sur del Cuzco se dividiesen en tres gobernaciones: Nueva Toledo, encargada a Diego de Almagro, cuyo sector occidental fue más tarde conocido como Reyno de Chile; la segunda, denominada Nueva Andalucía, fue entregada a Pedro de Mendoza, y su parte oriental y meridional corresponde a los territorios del futuro Virreinato del Río de la Plata; la tercera se denominó Nueva León y se concedió a Simão de Alcazaba, quien se convirtió así en gobernador del cono sur de América, de océano a océano y desde el paralelo 36 hasta doscientas leguas hacia el sur, sin alcanzar el estrecho de Magallanes (Fig. 1.9).

Acordados, firmados y rubricados los correspondientes contratos y capitulaciones, cinco años más tarde (…) *embarcó el Capitán Simón de Alcazaba en la villa de Sanlúcar de Barrameda a 20 de septiembre de 1534, haciéndose a la vela el 21, camino del Estrecho de Magallanes*[29]

Sobre la personalidad de Alcazaba nos da más luces su contemporáneo, el cronista Fernández de Oviedo, quien lo conoció:

Es hombre de gentil disposición y aspecto, elocuente y verboso, anduvo algún tiempo en la corte del César dando pormenores sobre las Molucas y el reino de la China, donde estuvo, según él, siendo muchacho y sirviendo al rey de Portugal. Al cabo de algunos años, que este hidalgo anduvo importunando e procurando su negociación, diósele crédito por su mal e de otros[30].

La flotilla en cuestión constaba de 250 hombres -incluyendo a su joven hijo Fernando[31]- y dos embarcaciones: la nao *San Pedro* y la *Madre de Dios*. Fuera de un tal Nuno Alvares, no hay constancia de otros portugueses aparte del capitán general, pero es de presumir que sí los había, dada la alta cotización que tenían como buenos marineros.

---

[29] M. Martinic (2017). Págs. 210 - 211.
[30] E. Morales [1942]. *EXPLORADORES Y PIRATAS EN LA AMÉRICA DEL SUR*. Pág. 40 (2006).
[31] F. Riesenberg [1939]. Pág. 52 (1946).

Fig. 1.9.Fracasada la misión de Alcazaba, Nueva León se subdividió, como se observa en la imagen..

Tras algunas peripecias a poco de iniciar la singladura, que los hizo retornar para reparaciones menores, y una estadía prolongada en Canarias -donde se abastecieron a medias- finalmente continuaron, con la prisa de la impaciencia:

Siguieron su derrota el 8 de octubre derechamente para el Estrecho, sin tomar ni reconocer tierra hasta el Cabo de "Abreojo" y el río de Gallego, 25 leguas al Norte del Estrecho, embocando la entrada de éste a 17 de enero; y a causa de no haberse detenido a tomar agua, con la prisa de llegar, estuvieron cincuenta días que no la bebieron, por no haberla en la nao, que aun los gatos y perros, dice Moris[32] en su relación, bebían vino puro[33] [34].

El andar por la vía interoceánica les resultó más azaroso de lo previsto. Los embates del viento y la nieve les hicieron perder velas y mástiles. Debieron anclar en la *Isla de los*

---

[32] Se trata de uno de los integrantes de la expedición, quien terminó amotinándose contra Alcazaba.

[33] P. Pastells (1920). Pág. 211.

[34] Con semejante hidratación, debió resultar toda una hazaña el que lograsen *embocar* en el estrecho.

Pájaros[35], en donde cazaron pingüinos a golpe de palos, por lo que no les faltó carne para comer. El zarpe demoró más de veinte días, imposibilitado por la reciedumbre del temporal. Como cundiese la desazón y el descontento entre las tripulaciones, Simão de Alcazaba se dejó convencer de desandar la navegación para pasar en *Punta de Lobos* el resto de la temporada de los vientos huracanados que, como es sabido, son más intensos entre noviembre y enero. Allí habría buena caza de mamíferos marinos y abundante pesca, cuanto más que *(...) la tierra era muy buena y ciertas indias les habían mostrado oro; y que en el entretanto que allí estuviesen podrían visitar la tierra adentro y buscar poblados de indios*[36].

Sea por la perspectiva del oro o de las indias, el hecho es que no fue difícil persuadir a don Simão de singlar hacia el norte siguiendo la costa atlántica. No era el caso, por lo demás, de porfiar en el afán de permanecer en el estrecho, dado que la orden de Su Majestad era la de descubrir, poblar y gobernar el extenso territorio de Nueva León, y bien podían comenzar la tarea en ese pequeño pero abrigado puerto. Demoraron quince días hasta llegar a *Punta de Leones*, o *de Lobos*, fundando allí el *Puerto de los Leones*[37]. De inmediato la tripulación manifestó su deseo de explorar tierra adentro en busca de los quiméricos poblados indígenas, cosa bien aceptada por Alcazaba, quien se unió a la partida.

Hízose gran provisión de armas para la entrada, y sacotes aforrados con lana para los que carecían de armadura contra las flechas. Desde el 6 de febrero hasta el 9 de marzo trabajaron en disponer todas las cosas que eran menester para dicha expedición, así de armas como de bastimentos. (...) El Capitán Simón de Alcazaba se hizo jurar por Gobernador de la tierra, según la provisión Real de S. M. la Reina, fecha en Toledo a 26 de julio de 1529, "e nombró sus Capitanes, Alféreces y Cabos de escuadra[38]*".*

A la energía de sus intenciones no le pudo seguir la de su físico, cosa que no sorprende, considerando que Alcazaba ya probablemente frisaba en los sesenta y cinco años, y por añadidura era obeso[39]. Es así como a las trece o catorce leguas del avance no pudo seguir adelante, debiendo retornar a las carabelas *con los más flacos*[40]. El resto avanzó unas cien leguas, sin encontrar más que viento, pampas y los coironales resecos del fin del verano: no había poblados, ni indias, ni oro. Regresaron fracasados, agotados y aburridos. Las mutuas recriminaciones, los dimes y diretes y el descontento desembocaron en un motín contra el portugués y algunos de sus pocos fieles seguidores. *Mientras el*

---

[35] Actual isla Magdalena.

[36] P. Pastells (1920). Pág. 212.

[37] Se ubicaba a 29 kilómetros al sur de la actual localidad de Camarones, en la provincia del Chubut.

[38] P. Pastells (1920). Pág. 213.

[39] F. Riesenberg [1939]. Pág. 51 (1946).

[40] P. Pastells (1920). Pág. 214.

*Gobernador era cosido a puñaladas en su camarote y arrojado luego al mar, otros fueron
a la cámara en que dormía un piloto de la nao e hicieron con él lo propio*[41].

Así terminó su navegación por este mundo el portugués Simão de Alcazaba. Los incidentes, aventuras y desventuras, motines y contramotines, asesinatos y ajusticiamientos que ocurrieron en los días que siguieron, no son tema de esta reseña.

Nuno da Silva, el piloto del corsario Drake

El marino y corsario inglés Francis Drake (Fig. 1.10) comandó la segunda nave en circunnavegar el mundo después de la nao *Victoria*, la única sobreviviente de la armada de Fernão de Magalhães. Su personalidad y sus acciones pueden ser analizados con distintos cristales: pudo ser un gran marino y corsario al servicio de Su Majestad la reina Isabel I de Inglaterra, o bien un pirata facineroso y sanguinario. No cabían los términos medios en los análisis de sus contemporáneos, ni tampoco en los de la historia. No seré yo quien intervenga en la discusión, tanto porque no estoy investido de la autoridad que da el conocimiento, como porque escapa al sentido de esta reseña.

Drake inició su carrera en 1567 -a los veinticuatro años de edad- cuando se embarcó con su primo John Hawkins -y al mando de éste- en una expedición que tenía por misión el comercio de esclavos. Recorrieron Cabo Verde, Guinea y San Jorge de la Mina, donde capturaron a doscientas personas de raza negra para luego cruzar el Atlántico y llegar hasta Dominica, Margarita y Borburata, donde los vendieron.

Fig. 1.10

---

41 Ibíd. Pág. 215.

Pese a una tregua formal entre las coronas de Inglaterra y España, eran habituales las incursiones corsarias sobre las posesiones españolas. Estas misiones no estaban exentas de riesgos, ya que si eran capturados se trataban como los piratas que eran considerados. La reina Elizabeth I de Inglaterra les autorizaba, e incluso les encargaba, las operaciones marítimas de hostigamiento en contra de los puertos y barcos españoles. Al final de su famoso viaje de circunnavegación del mundo, Drake entregó su diario a la reina. Su Majestad, horrorizada por las atrocidades cometidas en su nombre, y ante el peligro de que cayese en manos españolas, pudiéndose haber usado como prueba para exigir reparaciones por los formidables daños causados, lo hizo desaparecer y de él nunca más se supo.

Después de varios triunfos y reveses, en que su nombre era temido más que el del demonio por los habitantes de los poblados costeros bajo dominación española, el 13 de diciembre de 1577 zarpó de Plymouth, emprendiendo dicho viaje de circunnavegación a bordo del *Pelican* y con otros cuatro barcos y ciento sesenta y cuatro hombres. A comienzos de 1578 capturó, en las inmediaciones de la isla Santiago del archipiélago de Cabo Verde, un buque mercante portugués, el *Santa Maria*. Su protestantismo le impedía venerar a la madre de Jesús del modo que lo hacen los católicos, de modo que el barco fue rebautizado simplemente como *Mary*. Y es aquí donde entra a tallar la figura de Nuno da Silva, quien hasta el momento de los hechos había sido capitán del hasta entonces *Santa Maria*. Drake astutamente intuyó que le podía ser útil, dada su experiencia en la navegación por las costas americanas del sur y lo secuestró, usándolo de ahí en adelante como piloto del *Pelican*, luego rebautizado como *Golden Hind* (Fig. 1.11).

Fig. 1.11. El galeón *Golden Hind*, piloteado por el portugués Nuno da Silva.

Nuno da Silva había nacido en Vila Nova de Gaia, bañada por el hermoso Douro, y en cuya ribera de enfrente se encuentra la ciudad de Porto. Fue uno de los dos pilotos portugueses[42] que condujeron la travesía de Drake por el estrecho de Magallanes, y también durante los ataques y saqueos de los poblados españoles de Chile y del Perú.

En 1580 el embajador de España en Londres escribiría al rey D. Felipe II:

El Draque afirma que si no fuera por dos pilotos portugueses que tomó en un navío que robó y hechó a fondo en la costa del Brasil a la yda no pudiera haver echo el viage. Ha dado a la Reyna un diario de todo lo que le ha sucedido a los tres años y una gran carta[43].

En efecto, después de la hazaña de Fernão de Magalhães, sólo Hernán Gallego había logrado navegar la totalidad del estrecho que lleva su nombre, como se verá más adelante. Se corría por Europa todo tipo de rumores para explicar la imposibilidad de repetir la travesía, entre los cuales el más peregrino era la ocurrencia de *una horrenda borrasca*, con la emergencia de una isla que habría tapado la boca oriental. Se sabe eso sí que Juan Ladrillero estuvo a punto de navegarlo en su totalidad desde Chile, pero no logró llegar hasta el Atlántico. Pero el tercero que realmente lo navegó de boca a boca fue Francis Drake, gracias a la ayuda fundamental -aunque forzosa- de da Silva[44].

Este portugués navegó en la flotilla de Drake durante un año y dos meses, siendo liberado en abril de 1579 en Huatulco. Algunos prisioneros españoles, al ser también liberados, habían manifestado a las autoridades mexicanas que da Silva parecía ser parte de la tripulación. Esto reflejaba, sin duda, la familiaridad con que el portugués era tratado por Drake, como consecuencia de haber sido ambos grandes marinos, y parece ser también por la coincidencia de niveles intelectuales y culturales, lo que les facilitó granjearse mutua simpatía. El alcalde mayor de Huatulco, Gaspar de Vargas, en el oficio que envió al virrey dando noticias de la presencia de da Silva, expresaba:

Drake lleva un piloto portugués muy hábil que, al parecer, es quien gobierna y dirige la flota. Este portugués habla el inglés como su propia lengua, y toma todas las resoluciones[45].

Dado lo sospechoso de sus antecedentes, sería interrogado por las autoridades judiciales, por la Inquisición -incluso bajo tortura- y por el virrey en persona. En sus declaraciones, pese a alegar el indesmentible hecho de haber sido secuestrado, se traslucía una velada admiración por el corsario[46]. Algunas de las mejores descripciones de la circunnavegación de la tierra por la escuadra de Drake son basadas en declaraciones y escritos de Nuno da Silva[47]. Habiendo la reina de Inglaterra escamoteado el diario del

---

[42] No tengo conocimiento del nombre del otro, ni de sus méritos.
[43] Carta de Bernardino de Mendoza a Don Felipe II, 16 de octubre de 1580.
[44] E. Morales [1942]. Pág. 65 (2006).
[45] Citado por F. Riesenberg [1939]. Pág. 407 (1946).
[46] C. Jowitt (2010). *THE CULTURE OF PIRACY*. Págs. 56 - 58.
[47] E. Morales [1942]. Pág. 73 (2006).

propio corsario, *si no fuera por el relato de da Silva, el viaje de Drake quedaría casi en blanco en lo relativo a la lejana aventura en el sur*[48].

Volviendo a la travesía por la costa sudamericana oriental, con la singladura hacia el sur con da Silva como piloto, y ya avanzado el invierno, en feroz temporal Drake perdió a los navíos *Swan* y *Mary*. Con este último, varado en San Julián, se perdía el último trozo material de Portugal que acompañaba al corsario.

Al cabo de una penosa navegación, y tal como lo había hecho Magalhães hacía 58 años, decidieron pasar parte del invierno en la abrigada bahía de San Julián, en donde encontraron el esqueleto diseminado del ajusticiado por el navegante portugués. Allí fue donde Drake, y para no ser menos, hizo ejecutar a su oficial y amigo Doughty, con quien las diferencias se habían hecho insostenibles, acusándolo de brujería y culpándolo de las tempestades que tanto daño les habían causado.

Los aborígenes, con quienes habían tenido contactos más bien pacíficos en las costas de más al norte, no lo fueron tanto en la ría de San Julián. Los tripulantes fueron recibidos con flechas y gritos destemplados y, pese a lo ininteligible de su idioma, Nuno da Silva aseguró que voceaban *Magalhães, esta é minha terra!* En la refriega mataron a flechazos a un flamenco y a un inglés, pero Drake, creyéndose el embuste de da Silva[49], fue benevolente con ellos, justificando su odiosidad por el maltrato que habrían recibido de parte de Fernão de Magalhães y su gente[50].

El 20 de agosto, acompañado por muy buen tiempo y reducida su flota a tres navíos, Drake embocó el estrecho y lo navegó por completo en diecisiete días. Tanto el capellán Fletcher como Nuno da Silva lo describieron minuciosamente: se admiraban de su belleza, se referían a los fueguinos, hablaban de su fauna y hacían bosquejos geográficos. Escribía el portugués: *Toda la tierra a ambos lados del estrecho parece adecuada para una colonia, pues tiene mucho bosque y la tierra presenta un color rojizo*[51].

Tamaña benevolencia climática no podía durar mucho. El austro no perdona el disfrute de días calmos, y castiga con huracanes. Declararía más tarde Nuno da Silva ante el virrey:

Y que salidos del Estrecho que fue á seis de setiembre del dicho año que navegaron tres días al norueste y al tercero día les ventó a Norueste que les forzó a navegar al oessudueste y navegaron diez u doce días con poca vela, y que por el viento cargó mucho tomaron todas las velas y que estuvieron mar al través hasta fin de setiembre; y que a los 28, había perdido el Inglés el Patax que sería de 90 toneladas (...) otro día perdio la otra

---

[48] F. Riesenberg [1939]. Pág. 86 (1946).

[49]Relatado así, este engaño resulta inverosímil, tomando en cuenta que entre una y otra expedición transcurrieron cincuenta y ocho años. Considerando las expectativas de vida de los aborígenes australes por aquellos tiempos, es seguro que ninguno de ellos recordaba a Magalhães, ni qué decir de haber aprendido a hablar portugués.

[50] B. Castro. *Francis Drake en la Patagonia.*

[51] Citado por E. Morales [1942]. Pág. 79 (2006).

Nao que sería de 190 toneladas porque cargó mucho el tiempo, de manera que quedó sola la Capitana, porque el navío de este Nuño da Silva había quedado encallado en la Bahía á donde invernaron, y que desde allí corrió con el tiempo hasta altura de 57 grados (...)[52]

El diario de navegación de Nuno da Silva, descubierto en el Archivo de Indias de Sevilla recién a comienzos del siglo XX, es notable en cuanto a la precisión de sus fechas, derrotas, corrientes marinas, accidentes geográficos, dirección de los vientos, naufragios y desventuras que sufrieron los corsarios al ser arrastrados por los vendavales al encontrarse con el Mar del Sur, que probó no ser tan pacífico. Cada una de sus minuciosas descripciones topográficas han sido corroboradas con posterioridad[53].

Esta latitud de 57°, señalada en el informe, deja claramente sentado que Drake, y lo que quedaba de su flotilla, llegaron hasta el sur de Tierra del Fuego y más allá, aparentemente sin llegar a hacer tierra en el Cabo de Hornos. Sin embargo, informada la reina Elizabeth y sus consejeros de que los territorios al sur del estrecho de Magallanes no eran la misteriosa *Terra Australis Incognita* sino una gran isla y, por ende, existía un nuevo paso interoceánico, ordenaron mantener este descubrimiento en la categoría de secreto de estado. Transformado con el tiempo en secreto a voces, tanto en Inglaterra como en el resto de Europa, en que cada informante ponía algo de lo suyo, más con las declaraciones de Pedro Sarmiento de Gamboa, quien negaba la existencia de este nuevo paso, transformaron al glorioso Drake ante parte de la opinión pública en un gran embustero. Esta duda terminó por zanjarse definitivamente con el redescubrimiento de la gran conexión interoceánica, efectuado en 1616 por los marinos mercantes holandeses Le Maire y Schouten. Por si faltara, los hermanos Nodal efectuaron, poco después, la primera circunnavegación de Tierra del Fuego, como se verá.

La cartografía de la época es rica y variada. Destaca, para lo que interesa en esta reseña, un mapa dibujado por el español Joan Martínez en 1591, en que aparece Tierra del Fuego separada al sur de otra gran extensión de tierra por un amplio paso, con la leyenda *Canal descubierto por nugno de Silva piloto portuges de franco drache*[54].

Nuno da Silva hacía el mejor retrato escrito de Francis Drake, siendo en realidad el único que quedó para la posteridad, si lo hubo otro:

Este inglés se llama Francisco Drake, tiene treinta y ocho años de edad, aproximadamente, es de pequeña estatura y muy robusto. Toda su actitud es distinguida; su rostro hace agradable impresión, y una hermosa barba le da gracioso aspecto.

También describe sus aficiones:

---

[52] Citado por M. Martinic B. (1998). *Drake y el descubrimiento de la insularidad fueguina.*
[53] F. Riesenberg [1939]. Págs. 64 y siguientes (1946).
[54] Ibíd.

El corsario tenía tres libros náuticos en su poder, uno de ellos escrito en francés, el otro en inglés y el tercero era el relato de los descubrimientos de Magallanes. Drake llevaba un diario, donde dibujaba pájaros, árboles y focas. Era muy hábil para dibujar. Él y su primo Juan, que también dibujaba, se encerraban muchas veces en su cabina para poder dibujar con más inspiración[55].

El gran marino, o perverso y sanguinario pirata, era un hombre sensible.
Y Nuno da Silva no era un rehén cualquiera.

Portugueses en la tragedia de Pedro Sarmiento de Gamboa

Una odisea, bien vale la palabra, como Ulises en su desesperado intento de regresar a Ítaca, es tal vez el símil más apropiado con los últimos años de la vida de Pedro Sarmiento de Gamboa (Fig.1.12). Terriblemente marcado por la mala suerte, si existe tal cosa, su porfía y tesón fueron claves tanto del éxito como de la tragedia con que terminó la colonización española del estrecho de Magallanes. Su historia está bien contada por cronistas e historiadores, y recomiendo remitirse a ellos para los detalles que pudieran interesar al lector. Cabe hacer notar que aquí no hay mayores especulaciones, y la verdad de los hechos está basada en relatos de testigos de primera mano, como son los informes del propio Sarmiento -por escrito- al rey Felipe II (Fig. 1.13), a quien profesaba una lealtad a toda prueba; por las declaraciones de Tomé Hernández, quien fuese el único que vivió para contarlo, en su comparecencia en Santiago de Chile y luego ante la justicia del virreinato del Perú treinta años después de ser rescatado; y no menos importante, por los informes de los corsarios ingleses, especialmente de Thomas Cavendish.

Fig. 1.12. Pedro Sarmiento de Gamboa.

---

[55] E. Morales [1942]. Págs. 80 - 81 (2006).

Francisco de Toledo, el virrey del Perú, de quien Pedro Sarmiento de Gamboa por aquellos tiempos era su brazo derecho, alarmado por las incursiones de los corsarios ingleses en las costas de la Gobernación de Chile, decidió encomendar a este último perseguir al corsario Francis Drake, explorar y descubrir el Estrecho de Magallanes[56], encontrar lugares apropiados para fundar ciudades y fuertes y tratar a los aborígenes de la mejor manera que fuese posible.

Las dos naves comandadas por Sarmiento -en 1579- nunca encontraron a Drake, pero lograron, con buen éxito, aunque fuese en esa única oportunidad, navegar el estrecho desde el Pacífico por primera vez en la historia, avistando y explorando lo que creyeron eran parajes aptos para fundar ciudades y fortificaciones.

Con sus sueños y proyectos se presentó ante el rey Felipe II en busca de apoyo y financiamiento para esta empresa conquistadora y colonizadora. Fue así que, durante poco más de un año, entre agosto de 1580 y fines de septiembre de 1581, se preparó una escuadra como pocas veces vista: zarparon finalmente de España veintitrés navíos con tres mil personas[57], entre los cuales iban -o venían- soldados, marineros, oficiales, clérigos, letrados, artesanos y colonos. Entre éstos, mujeres y niños. Del total, sólo quinientos y unos pocos buques estaban destinados al estrecho mismo, y el resto debía repartirse entre las costas de Chile y Perú, las Molucas y las Filipinas[58].

Fig. 1.13. El Rey de España Felipe II.

Las desgracias de Sarmiento, quien valga decir que no venía como jefe de la expedición sino *como Capitán General del Estrecho de Magallanes y Gobernador de lo que en él se poblare*, se comenzaron a desencadenar en este viaje. Resumiré diciendo que

---

[56] Puede parecer cosa curiosa porque es evidente que ya estaba descubierto, pero en verdad se refería a su exploración.

[57] Tres mil quinientas según Riesenberg [1939]. Pág. 96 (1946).

[58] Ibíd.

entre vendavales, naufragios, abandonos y traiciones, a poco más de dos años después de zarpar de España, ingresaron al estrecho sólo cinco naves y unas quinientas personas. Como broche final, habiendo llegado hasta la bahía Gregorio, una tempestad los hizo retroceder y por poco no los arrojó nuevamente hasta el Atlántico. Es ahí que Sarmiento, probablemente presionado por la desesperación de su gente y de su propia desazón que llegaba al límite de lo humanamente soportable, decidió fundar -en forma que se demostraría apresurada-, muy próxima a la boca oriental -en cabo Vírgenes o Punta Dungeness- del estrecho de Todos los Santos, o de Magallanes, la *Ciudad del Nombre de Jesús*.

De todo el estrecho, es uno de los parajes menos apropiados para establecer un asentamiento humano. Aparte de coirón y arbustos casi a ras de suelo, no hay vegetación que pudiera servir para guarecerse ni construir nada que pudiera razonablemente proteger contra las ventiscas propias de la región. Sin embargo, el optimismo a toda prueba, el afán de cumplir a cabalidad con la tarea a que se había comprometido y el espíritu emprendedor -o la tozudez- de Pedro Sarmiento, lo llevaron a tomar esta -que se comprobaría fatal- decisión. Esto ocurría el 4 de febrero de 1584. Decía el historiador Armando Braun Menéndez:

Ante sus ojos azorados por los padecimientos de la zarandeada y larga navegación se extiende la playa amarillenta de un páramo. Desde a bordo sólo se distinguen algunos arbustos y pastos ralos. Pero no cabe en esos momentos desanimarse; débese aprovechar la calma tan poco común, y propicia ahora para los trabajos. Con premura se llenan los botes de soldados, pobladores, mujeres y niños, a los que se lleva a tierra y se instala al reparo de toldos y matorrales. Pero antes que lleguen a la costa el material y las provisiones, se levanta de nuevo el temporal, y las naves se ven obligadas a salir a capearlo mar afuera, de donde no vuelven sino tres días después[59].

Se decidió varar a la *Trinidad*, que era la que tenía en sus bodegas la mayor cantidad de materiales y provisiones. La misma nave terminó siendo desarmada, usándose sus estructuras como materiales de construcción. Según relato de Tomé Hernández, tenían bastimentos para unos cuatro meses, entre ellos algunos animales y variadas semillas.

Mientras se sentaban las bases de la ciudad, Sarmiento, de todos los abandonos y las traiciones a que fue sometido, recibía la peor y la más artera: los tres buques que quedaban operativos y en condiciones de soportar una larga navegación emprendieron el regreso a España (...) *syn dezir nada ni avisar a Pedro Sarmiento de su hida y sin carta razón ni recado suyo.* Parecía una pesadilla. Sin conexión posible con el resto del mundo, con pocos víveres y vestimentas, y casi sin calzado, que mucho de ello iba en las tres fragatas que huyeron. La única embarcación restante, la *Santa María de Castro*, estaba tan maltrecha que era imposible pensar en someterla a mayor esfuerzo, sin mencionar que en ella no

---

[59] A. Braun M. [1937]. *PEQUEÑA HISTORIA MAGALLÁNICA*. Págs. 5 y siguientes (1969).

cabían más de cincuenta pasajeros apretujados. En estas condiciones, quedó Sarmiento de Gamboa -según informe del propio gobernador- acompañado de dos oficiales, dos frailes franciscanos, ciento ochenta y tres soldados, cuarenta y ocho marineros, sesenta y ocho pobladores varones -incluyendo a dos barberos-, trece mujeres, once niños, y dos negros.

A un mes desde la fundación de esta precaria ciudad, Sarmiento de Gamboa embarcó a cincuenta hombres en la *Santa María* y él, con noventa y tres más, emprendieron una caminata de trescientos kilómetros hasta un paraje aledaño a una bahía, que él llamó de *San Blas*[60], en donde fundó la *Ciudad del Rey don Felipe*. Unos pocos murieron en la caminata, y más lo hicieron en la ciudad. El rigor del invierno[61], las enfermedades, la dificultad en conseguir alimentos, las violencias y accidentes, dieron cuenta de varios.

Sarmiento planeó entonces ir a Nombre de Jesús, entre otros motivos para buscar municiones y materiales para los fuertes, para lo cual se embarcó en la *Santa María* con la idea de -después de cumplir este cometido- viajar a Chile en busca de apoyo. Habiendo llegado a esta ciudad fue sorprendido por un temporal, y la frágil nave con su velamen hecho jirones fue arrastrada hacia el mar y hubo de resignarse a emprender rumbo hasta Río de Janeiro.

Sarmiento nunca más pudo regresar. Pasó desesperado el resto de su vida intentando volver al Estrecho de Magallanes para rescatar a sus compañeros. En Río de Janeiro sufrió un naufragio; en viaje a España, para buscar socorros, fue capturado por los ingleses y hecho prisionero dos meses; luego sucedió lo mismo con los hugonotes franceses, quienes lo tuvieron en sus mazmorras durante dos años; pagado el rescate, regresó a España, sirviendo al rey en varias empresas, sin cejar en su infructuoso empeño de regresar. Murió en Lisboa el 17 de julio de 1592, ocho años después de que forzosamente abandonara la ciudad de Nombre de Jesús. Nunca supo que desde hacía seis años habían muerto todos los colonizadores con excepción de dos, y de éstos, uno había perecido al ser rescatado. Este Ulises no llegó a Ítaca[62].

Riguroso y ordenado como era, Pedro Sarmiento de Gamboa llevaba una cuenta exacta de la gente que se embarcó al comienzo de su expedición colonizadora. Es así como, entre los tres mil iniciales, hay constancia de algunos marinos portugueses: en la nao capitana *San Cristóbal* venía el piloto Pedro Jorge; en la nao almiranta *San Juan Bautista* se contaba con Pero Dias, *piloto mayor del Río de la Plata*; y en la *Concepción* el piloto Alonso Peres. Entre los pobladores solteros se embarcaron Duarte Fonseca y Rui de Matos[63]. Entre los artesanos se embarcaron los carpinteros António Prieto y Gabriel Joan, y el aparejador Diego Hernandes[64].

---

[60] Actualmente su nombre oficial es "Bahía Buena", pero es popularmente conocida como "Bahía Mansa".

[61] En abril les tocó una nevazón que duró 12 días.

[62] M. Vieira G. (2013). *Aquí estuvo España*.

[63] Sarmiento no dice que estos dos eran portugueses, pero sus nombres y apellidos así lo sugieren.

[64] P. Sarmiento: *Relación de los capitanes y naos, maestres y pilotos que Su Majestad proveyó para la armada que invió en la jornada del Strecho de la Madre de Dios, antes llamado de Fernando de Magallanes, y lista de los pobladores del Estrecho*. En: *VIAJES AL ESTRECHO DE MAGALLANES 1579 - 1584* (1950). Págs. 335 y siguientes.

Estos portugueses pudieron estar entre los ochocientos que sucumbieron en la tempestad que los asoló a la salida de Sanlúcar, o bien haber muerto en los avatares ocurridos en el viaje, en los inicios de la colonización o haber estado entre los que murieron abandonados en el estrecho. Tal vez algunos se salvaron en las naos que huyeron. La única certeza es la de Duarte Fonseca, muerto en el Atlántico antes de llegar a Brasil.

La flotilla de los hermanos Nodal

Todo comenzó con el descubrimiento, por parte de los marinos mercantes holandeses Jacob Le Maire y Willem Schouten, y al sur de Tierra del Fuego, de un paso entre los océanos Atlántico y Pacífico. El rey Felipe III de España, con el fin de explorar esta ruta alternativa que obviaría el estrecho de Magallanes y, con ello, a los corsarios ingleses que lo navegaban y asolaban las costas del Pacífico, en 1617 y por resolución del Consejo de Indias, encargó su reconocimiento a los hermanos García de Nodal. Ambos habían nacido en La Moureira, Pontevedra: Gonzalo en 1569 y Bartolomé en 1575. Se habían distinguido en la navegación y en la guerra marítima por lo que, acertadamente, fueron designados como organizadores y jefes de la expedición.

Se mandaron construir en Lisboa[65], y a toda prisa, dos naves gemelas de ochenta toneladas cada una que terminaron bautizadas como *Nuestra Señora de Atocha* y *Nuestra Señora del Buen Suceso*. La primera era la almiranta, que sería comandada por Gonzalo, y la segunda era la capitana, a cargo de Bartolomé. Antes de ocho meses estaba todo listo para el viaje: las embarcaciones, bien abastecidas y bien armadas, fueron tripuladas en su mayor parte por portugueses, muchos de ellos enganchados a la fuerza, completando cuarenta hombres en cada una de ellas. También se embarcaron algunos flamencos y españoles, tampoco de muy buena gana, dadas las noticias que se tenía sobre las expediciones anteriores, por lo que las expectativas de sobrevivencia no eran muy alentadoras. Un poco por la fuerza y otro tanto por pagárseles diez meses por adelantado, lo cierto es que lograron emprender el viaje sin mayores incidencias y con dotaciones completas. El cargo de comandante, o jefe directo de la marinería, y de piloto mayor, fue confiado a Diego Ramírez de Arellano, reputado cosmógrafo español. Como contaban con los diarios del viaje de Schouten y Le Maire, la planificación de la ruta les resultó sencilla.

Las dos naves partieron de Lisboa el 27 de septiembre de 1618, y ya el 15 de noviembre ingresaban en la bahía de Guanabara para reabastecerse de provisiones y para reparar las averías, una de las cuales no era menor, como fue la rotura del palo mayor de la nave de Gonzalo. Allí hubo una tentativa de rebelión de algunos marineros, los cuales fueron reemplazados por voluntarios residentes en Brasil. Para frustrar cualquier intento de deserción en semejante paraíso, y como medida precautoria, los oficiales hicieron encerrar en la cárcel a toda la marinería mientras duró su estadía en Rio de Janeiro.

---

[65] Por aquel tiempo Felipe III era soberano de España y de Portugal.

Sin otros contratiempos, y con la ayuda del gobernador, al cabo de dos semanas reanudaron la navegación, pasando frente a la boca oriental del Estrecho de Magallanes a mediados de enero de 1619, a casi cien años de su descubrimiento. El 22 del mismo mes se encontraron con el estrecho de Le Maire, confirmando todos los hallazgos de los holandeses. Singlando hacia el sur y luego al suroccidente, pasaron frente al Cabo de Hornos[66] y descubrieron un pequeño grupo de islas que denominaron *Diego Ramírez* en honor del piloto y cosmógrafo de la expedición[67]. A las dos más grandes las llamaron *Bartolomé* y *Gonzalo*, respectivamente, y el estrecho que las separa fue llamado *Paso Nodal*[68].

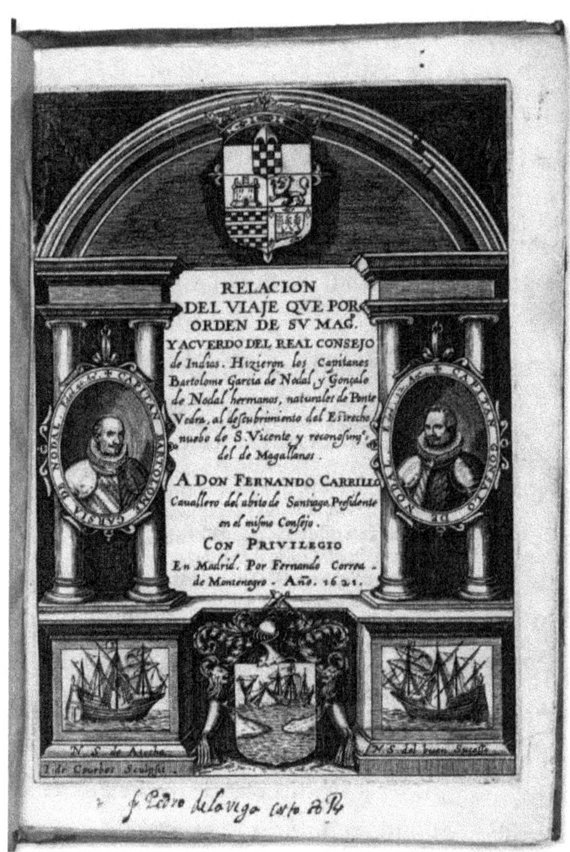

Fig. 1.14. Portada de la *Relación del Viaje* efectuado por los hermanos Nodal.

El 25 de febrero se encontraron con la boca occidental del estrecho de Magallanes, el cual navegaron con toda felicidad, sin haber experimentado mayores inconvenientes.

---

[66] Entonces llamado "Cabo Hoorn" por los holandeses que lo descubrieron.

[67] Hasta siglo y medio más tarde esas islas todavía eran representadas en las cartas geográficas como las tierras más australes hasta entonces conocidas.

[68] El *Diccionario Enciclopédico Hispano-Americano* en su versión vigente en 1939 decía lo siguiente referente a las islas Diego Ramírez: "Geog. Pequeño grupo de islas del Océano Austral situado a 93 kms. al S. O. del Cabo de Hornos, (…). Fueron descubiertas en 1619 por el portugués García Gonçalo de Nodal". Citado por F. Riesenberg [1939]. Pág. 147 (1946).

Durante su cruce se aprovisionaron de mariscos[69] en sus costas, y de carne de pingüino para salar, en la isla Isabel. Al salir del estrecho habían completado la primera circunnavegación de Tierra del Fuego. Tocaron varios puntos de la costa oriental de Sudamérica, cerca de uno de los cuales hicieron huir a unos piratas franceses que los atacaron, y que se habían acercado a ellos con banderas españolas. Llegaron al puerto de Sanlúcar de Barrameda el 9 de julio de 1619, a poco más de nueve meses del zarpe de Lisboa.

Dice la relación oficial de este viaje:

Fue Dios servido, que con pasar tanta diversidad de temples, variedades de cielos, mudanzas e inclemencias de sus movimientos por tan varias regiones, ya frías, ya cálidas, ya con excesivas destemplanzas, no solo no murió ninguno, pero los que iban enfermos volvieron sanos (Fig.1.14).

Tan extraordinario resultado se debe atribuir a muchos factores, como la adecuada preparación de la expedición, la buena fortuna de la bonanza del clima, la capacidad de la oficialidad y -especialmente- la maestría de los marineros, la gran mayoría de los cuales eran portugueses. Y como se les había pagado diez meses de anticipo, no se les quedó debiendo nada.

En cuanto a los hermanos García de Nodal, murieron en el mar tres años más tarde, con apenas meses de diferencia, en sendos naufragios: Bartolomé falleció el 5 de septiembre de 1622 en los cayos de Matacumbé y La Tortuga, a treinta leguas de La Habana, en el naufragio de la nao *Nuestra Señora de Atocha*, destrozada por un poderoso huracán caribeño; Gonzalo comandaba una flotilla de tres navíos, ciento treinta y tres marineros y cuatrocientos infantes para recorrer la misma ruta del Estrecho de Le Maire hacia Chile, con el propósito de socorrer a los colonos sitiados por los araucanos. Naufragó, perdiendo dos embarcaciones y la vida, en octubre del mismo año de la muerte de su hermano..

Tripulantes en otras expediciones

Con posterioridad a la hazaña de Fernão de Magalhães, y como consecuencia de la misma, se produjo en Europa, como si fuese una fiebre del oro, un afán de los países, de las monarquías, de los marinos y de los financistas, por organizar nuevas expediciones para llegar a las Molucas por la senda marítima ya descubierta, o por descubrir nuevos derroteros. Es así como se echaron a la mar gentes de muchos países, en aventuras conocidas o clandestinas, y estas últimas tal vez tan nutridas como las que quedaron en las páginas de la historia[70].

---

[69] Alimentación obligada para la cuaresma.
[70] M. Martinic B. [1992]. *HISTORIA DE LA REGIÓN MAGALLÁNICA*. Tomo I. Págs. 159 y siguientes (2006).

El océano Índico, islas y territorios aledaños estaban, en la práctica, bajo el dominio de Portugal, el que controlaba todo el comercio marítimo que circundaba el Cabo de Buena Esperanza. La llegada de naves españolas a la Especiería desde el Pacífico equivalía a un ataque por la retaguardia. Mientras los portugueses intentaban hacer valer sus derechos de dominio, argumentando que tales posesiones no se incluían en el Tratado de Tordesillas, Carlos V otorgaba treinta y tres privilegios a quienes armasen navíos para llegar a ellas en afán de conquista, o bien con fines meramente exploratorios, considerando que no se sabía de las riquezas que podría ofrecer el continente americano, aparte del oro y la plata que ya sacaban a manos llenas. Es así como, después del trágico fracaso de la expedición de la nueva armada de las Molucas, comandada por García Jofré de Loayza, el monarca español terminó negociando con la corona portuguesa mediante el *Tratado de Zaragoza* en el que, por 350.000 ducados, el rey de España entregó los derechos sobre las islas al monarca de Portugal. Por lo demás, tanto esfuerzo económico y pérdida de vidas humanas no valían la pena, dado que las especias, con el dominio portugués de su comercio por el cabo de Buena Esperanza desde la hazaña de Vasco da Gama y, por consiguiente, con la mayor seguridad de su transporte -sin intermediarios- habían sufrido una desvalorización progresiva. Por muy cotizadas que fuesen, ya no se podían comparar en términos pecuniarios a lo que ya se obtenía de la minería de metales preciosos que ofrecía el nuevo continente.

Fig. 1.15. Alberto de Oliveira, Ministro Plenipotenciario y Embajador de Portugal al cuarto centenario de Magalhães.

En lo que interesa a este libro, fueron pocas aquellas otras expediciones en que se conozca que hayan navegado portugueses por las aguas de la actual Región de Magallanes. Es probable, eso sí, que en todas ellas hayan participado, si no oficiales, al menos algunos portugueses, anónimos *marinheiros* cuya razón de vida era el mar. Como bien decía el Embajador de la República Portuguesa, Dr. Alberto D'Oliveira (Fig. 1.15), celebrando en

1920 en Santiago de Chile el cuarto centenario del descubrimiento del estrecho de Magallanes, refiriéndose a la pequeñez física de Portugal: *(...) una nación bañada por el mar nunca es pequeña, puesto que todo el mar es su tierra*[71].

Los historiadores conocedores del tema mencionan a un capitán lusitano llamado João Affonso, quien cerca de 1530 habría, con dos naves, explorado el estrecho de Magallanes y parte de las costas fueguinas orientales. En efecto, en la Biblioteca Nacional de Paris se encuentran dos libros de geografía y náutica de un erudito capitán llamado Jean Alfonce Sainctongeois en que describe, en algunas de sus partes, sus viajes por el mundo. Estos libros, escritos entre 1536 y 1545, y publicados algunos decenios más tarde, contienen algunas descripciones bastante acertadas referidas al estrecho de Magallanes, observadas durante sus experiencias de navegación en el austro sudamericano. Todo indica que João Affonso y Jean Alfonce fueron la misma persona, un portugués de Algarve *(...) que había navegado largo tiempo al servicio de su monarca, quien habría salido de su país en circunstancias no suficientemente aclaradas llevando consigo una cantidad de preciados portulanos*[72], *pasando al servicio de Francia hacia 1530, nacionalizándose en este reino durante la época de Francisco I, hacia 1541*[73].

Fig. 1.16. Pedro de Valdivia.

En 1553 el gobernador de Chile Pedro de Valdivia (Fig. 1.16)[74], pese los costos de la colonización, logró armar una flotilla de dos bergantines que debían explorar los territorios

[71] Colonia portuguesa de Santiago de Chile (1921). *PORTUGAL EN LAS FIESTAS MAGALLÁNICAS.* Pág. 22.

[72] Cartas náuticas en uso desde el siglo XIII, y que hicieron posible el uso de la brújula.

[73] M. Martinic. *Noticia histórica sobre una misteriosa navegación en aguas magallánicas durante la tercera década del siglo XVI (1999).*

[74] Según Mariño de Lobera, en *Crónica del Reyno de Chile*, escrito a fines del S. XVI, cap. 44, Pedro de Valdivia era hijo de un hidalgo portugués llamado Pedro Onças de Melo *i de una gran señora española de Estremadura* nombrada Isabel Gutiérrez de Valdivia, cuyo apellido adoptó. D. Barros A. (1884 - 1902). Tomo I Pág. 208 (nota).

australes hasta navegar el estrecho. La finalidad oficial de la expedición era facilitar la navegación de las naves que viniesen de España, pero en verdad se trataba de expandir los dominios de la gobernación. Las embarcaciones, puestas bajo las órdenes del capitán Francisco de Ulloa y del piloto Francisco Cortés Ojea, zarparon de Concepción y exploraron las costas hasta la boca occidental del estrecho, dando nombres a los accidentes geográficos[75]. Uno de los tripulantes, embarcado en Valdivia, en donde residía, fue el portugués Sebastião Hernandes. Según Barros Arana, *(...) Esta exploración avanzó (...) treinta leguas (...). La escasez de víveres, el temor de verse detenidos allí durante el invierno que, como era fácil conocer, debía ser mui riguroso, i tal vez las malas condiciones de los buques, determinaron a Ulloa dar la vuelta a Chile sin haber alcanzado a descubrir el otro mar. El objeto de su espedicion no se habia logrado más que en parte[76].*

Al regreso de esta expedición la situación en Chile estaba en extremo convulsionada por los levantamientos indígenas, y no muchos prestaron atención a sus resultados, especialmente dada la circunstancia de la muerte de Pedro de Valdivia en manos de los mapuches.

Cuatro años más tarde zarpó una nueva expedición ordenada por el gobernador García Hurtado de Mendoza y comandada por Juan Ladrillero quien, con tres naos, una bajo su mando y las otras bajo Francisco Gallego y el mismo Cortés Ojea del viaje anterior[77], venían con la intención de explorar acabadamente el estrecho de Magallanes.

Por aquel tiempo Sebastião Hernandes, y dada su participación en la primera expedición, era tenido por experimentado piloto, por lo cual en su recalada en Valdivia fue nuevamente incorporado a la dotación. Pese a lo bien equipados de los buques, y por la porfía y soberbia de Juan Ladrillero, una vez ingresando a aguas desconocidas perdieron tiempo precioso por no hacer caso de las advertencias del portugués, quien para ello había sido contratado.

(...) o se pasaban los días en aguas perdidas, o corrían frente a ensenadas o embocaduras que desorientaban a la gente, y lejos de avanzar en la descubierta se solía retroceder cada vez más[78].

Las tripulaciones se encontraban a punto del amotinamiento, ya que habían advertido el mal estado de los buques y escasez de víveres, sin posibilidad de encontrar lugares de aprovisionamiento. Sebastião Hernandes demostraba su descontento sin embozo, instando abiertamente a Ladrillero a regresar a Chile. Éste, sin embargo, decía Claudio Gay, *(...) resolvió temerariamente el descubrimiento del estrecho, o perecer; y como en este camino se estaba más bien que en el otro, el marino de Valdivia, que con su propia vida quería se conservara también la de toda la tripulación, comenzó con sigilo a traer ésta a*

---

[75] M. X. Urbina C. (2013). *Expediciones a las costas de la Patagonia occidental en el período colonial.*
[76] D. Barros A. (1884 - 1902). Tomo I. Pág. 418.
[77] M. X. Urbina C. (2013).
[78] C. Gay [1844]. *HISTORIA FÍSICA Y POLÍTICA DE CHILE.* Tomo I. Pág. 283 (2007).

sus miras para que se pronunciara resuelta contra el empeño de su iluso comandante, ¡Desgraciado!, sabedor de estos manejos, Ladrillero se apoderó de su persona antes de tener ganada la necesaria fuerza para resistirle, y le colgó de un penol, probando que poseía lo cruel con lo ingrato. Satisfecho así su enojo, continuó libre su derrota, siempre en busca del estrecho Magallánico, pero siempre alejándose del lugar que a ciegas buscaba[79].

El extraviado Ladrillero ingresó a -y exploró-, los maravillosos fiordos de Última Esperanza. Finalmente llegó al estrecho, y alcanzó a tomar posesión del mismo en nombre de la corona española, pero probando acertados los presagios del portugués, perdió naves y hombres, regresando a Valdivia con pocos sobrevivientes.

El barco capitaneado por Francisco Gallego, sin embargo, lograría llegar hasta la boca oriental del estrecho, -más por los embates del viento que de intención- siendo el primero en navegarlo de poniente a oriente, y más aún, en viaje de ida y vuelta.

Pero esta vez Sebastião Hernandes no volvió a casa.

Las expediciones marítimas de Ulloa y Ladrillero, en las cuales participó este portugués valdiviano, fueron esencialmente exploratorias y base fundamental tanto de la cartografía de la época como de la toponimia geográfica, mucha de la cual persiste hasta nuestros días[80]. Hacia fines del siglo XVII se había configurado, gracias a los aportes cartográficos de una considerable cantidad de autores, un conocimiento bastante aproximado de la geografía del austro sudamericano. Este proceso había comenzado a mediados del XVI, con la *Carta de América del Sur*, del portugués Diogo Homem, publicada en 1558. Ésta ya insinuaba la forma de cono invertido del subcontinente. Después aparecieron nuevos mapas de cartógrafos de varios países europeos, de diversa calidad, algunos de los cuales no se compadecían ni de lejos con la realidad. Entre las cartas que la posteridad señaló como más certeras, consecuencia de estudios metódicos y serios, se deben destacar en lo que interesa a esta reseña, aparte de la del mencionado Homem, las de los también portugueses Bartolomeu Velho, Lázaro Luis y Fernando Vaz Dourado[81].

Y, volviendo a las travesías, parece que en 1668 pasó una nave mercante portuguesa rumbo a la China.

---

[79] Ibíd. Págs. 283-284.
[80] M. Martinic B. (2018). *La representación cartográfica de la costa sudoccidental de Chile (Patagonia) en el siglo XVI.*
[81] M. Martinic [1992]. Págs. 280 y siguientes (2006).

Segunda Parte

LOS QUE VINIERON Y SE QUEDARON EN LA HISTORIA

Primera inmigración: José Nogueira y sus paisanos - Los cónsules de Portugal - El gobernador Sampaio - Segunda inmigración - Los portugueses malos - La Sociedad de Beneficencia Portuguesa

"Si todo lo que Palma cuenta no ha sucedido,
peor para la historia".

Miguel Cané, en *Juicios Literarios* sobre la obra
"Tradiciones Peruanas", de Ricardo Palma.
1893

Primera inmigración: José Nogueira y sus paisanos

La mayor parte de lo que aquí se dirá sobre José Nogueira está basado en la interesante y amena obra de Mateo Martinic, *Nogueira el Pionero*, en que recoge lo acuciosamente investigado por él. Sobre sus orígenes y algunos detalles sorprendentes recomiendo el libro de Mónica Bello *A Vida Extraordinária do Português que Conquistou a Patagónia*. Y tal como señalé respecto de Fernão de Magalhães, no tengo mayores antecedentes que agregar, y resaltaré de los libros en comento no más que una breve reseña más bien anecdótica sobre la vida de este rústico marinero portugués, quien a los veinte años llegó a Punta Arenas pobre y analfabeto. Intentaré también rescatar los nombres, y dentro de lo posible, algunas circunstancias de las vidas de otros portugueses, relacionados o no con Nogueira.

Tanto Magalhães como Nogueira nacieron a orillas del Douro[82]. Su clima gentil, sus verdes praderas y montañas, sus viñedos que cubren valles y lomas, sus aldeas y ciudades medievales, sus playas y roquedales y sus gentes amables y cordiales, hacen a las tierras que se extienden desde el Minho hasta el Douro la más hermosa de las regiones lusitanas[83]. Allí, en la ciudad de Porto, en 1480 nació Fernão de Magalhães y al frente, en la ribera sur del río Douro, en Vila Nova de Gaia (Fig. 2.1), en 1845 y trescientos sesenta y cinco años

Fig. 2.1. La ciudad de Porto vista desde Vila Nova de Gaia. Foto de Armando Vieira, padre del autor (1960).

más tarde, nació José Nogueira[84]. Era hijo del labriego António Nogueira, y su madre se llamaba Rita Maria de Jesus[85]. Su inteligencia, demostrada con creces durante toda su vida, era seña evidente del buen aporte nutritivo que recibió en su primera infancia. Es también claro que, pese a los esfuerzos de António y Rita por criar a sus hijos lo más saludablemente posible, las estrecheces económicas no permitieron enviar a sus niños a la escuela. Cosa común en el Portugal de mediados y fines del siglo XIX, en que muchos

---

[82] Río que nace en España, donde se llama *Duero*.

[83] Apreciación personal del autor.

[84] No pocos han sostenido que Magalhães nació en la ciudad de Sabrosa, sobre lo cual me refiero más adelante.

[85] En los registros consulares del Callao figura como nacido en Porto, y su madre se habría llamado Maria dos Santos. M. Bello (2020). Pág. 46.

jóvenes debían salir a buscar sus caminos cuando todavía eran casi unos niños, y José no fue la excepción. Fue así como, contando con apenas trece años, se enganchó como grumete en un velero y salió a navegar los siete mares, durante siete años (Fig. 2.2). Por un tiempo estuvo en Brasil, luego en Montevideo y Buenos Aires, alternando oficios terrestres con el de marinero, puesto que el mar era su casa.

Fig. 2.2.

Como tripulante de alguna compañía naviera, o tal vez contratado por una embarcación lobera, en 1866 y a los veinte años de edad, bajó a tierra, solo o con algunos paisanos, para quedarse en Punta Arenas para siempre. Hombre tosco, no difería mucho del grueso de la población de por aquellos años que, aparte de autoridades, artilleros, presos, relegados, frailes y unos cuantos extranjeros, era de origen chilote. Éstos eran gente trabajadora, esforzada y -en general- de bajo nivel socioeconómico, gran parte de ellos analfabetos como José.

Cómo fue que el portugués José Nogueira llegó a amasar, y poseer al momento de su fallecimiento a la temprana edad de cuarenta y nueve años, una de las más grandes fortunas de Chile y, por cierto, la más grande de la Patagonia, es tema que está exhaustivamente -y muy bien- tratado en los libros señalados. De modo que, sin apartarme en demasía de mi intención, diré que Nogueira fue un hombre corajudo, quien comenzó "pelando el ajo", inteligentemente ahorrando y reinvirtiendo, desde los pocos pesos que ganó como marinero en goletas loberas, hasta los inconmensurables ingresos que llegó a percibir con sus emprendimientos comerciales: se independizó como lobero mercader en pieles, y con su propia goleta -bautizada *Anita*- llegó a las islas más apartadas del mar de Drake; adquirió nuevas embarcaciones hasta convertirse en el primer armador de la colonia; poseía casas comerciales en Punta Arenas, aprovechando el inicio de la inmigración europea en forma, la cual requería grandes cantidades de suministros para establecerse e iniciar sus propios emprendimientos; incursionó en la minería del oro y finalmente, con el auge de la ganadería ovina, consiguió que el Estado le concesionara enormes extensiones de tierras, incluyendo ¡más de un millón de hectáreas! en Tierra del Fuego.

Y con el primer portugués en Punta Arenas llegaron otros. Es así como en las faenas de Nogueira, de caza de lobos marinos y nutrias, participaban los portugueses João Coelho Vieira, arribado en 1888, y Manuel Alves Brazil, sobre quien me refiero más adelante[86]; António Aráujo, capitán de goleta asentado en 1874 y luego casado con María P. Geebist; Serafim Aráujo, marinero arribado en 1880. Más adelante, entre los tripulantes de la goleta *Anita* figuraba como piloto el portugués António Jasinto, arribado en 1873, quien al contratarse firmaba con una cruz al igual que la mayoría de los chilotes.

Cabe aquí hacer un paréntesis para mencionar un hecho más bien curioso: el mismo año de la llegada de Nogueira, y durante la gobernación interina del teniente Maximiliano Benavides, se desató la guerra contra España. Si bien no produjo mayores efectos ni consecuencias sobre la colonia, no se pudo contener el patrioterismo de los habitantes y sus gobernantes. Fueron dos los que pagaron la cuenta: uno que fue expulsado de la ciudad por el sólo hecho de ser español, y el otro fue *el marinero portugués José Azevedo, a quien el celoso y vigilante gobernador interino acusó de divulgar información (nunca se supo qué y a quién) y, además, de insultar a Chile y a la bandera nacional. Por ello lo hizo apresar y mantenerlo engrillado (...) y lo envió fuera de Magallanes*[87]. No está claro si Azevedo era residente en Punta Arenas o si sólo estaba de paso[88].

Otros portugueses arribados a Magallanes entre 1870 y 1890, probablemente -o al menos la mayoría- a trabajar para Nogueira[89], fueron los siguientes: Francisco Furtado Gomes, arribado en 1878 y luego casado con Maria Leopoldina Sousa de Silveira, también portuguesa[90]; José Alvares; Joaquim de Almeida, marinero arribado en 1873; João Pedro, Manuel Pereira y Germão António Aráujo; José Branco, marinero arribado en 1879; Nicolas Aráujo, marinero arribado en 1882; António da Silva, marinero que llegó en 1882; João Manuel da Cruz, marinero que llegó en 1880; José Texeira, marinero arribado en 1881, quien contrajo matrimonio con Rosalía Ríos y se nacionalizó chileno en 1901; José Lobo Oliveira, marinero arribado en 1883, quien fue autor de un crimen pasional y responsable de un bullado caso de abandono infantil, como se verá más adelante; António da Cena; Manuel Oliveira, marinero llegado en 1883; António Nunes y José Lorenço Salgueiro, -

---

[86] Ver en *La historia familiar*.
[87] M. Martinic B. (1988). *PUNTA ARENAS EN SU PRIMER MEDIO SIGLO 1848 - 1898*. Págs. 115 - 118.
[88] Si fuese residente, habría llegado antes que José Nogueira.
[89] Muchos de ellos llegaron atraídos por la celebridad que adquirió José Nogueira en Portugal, y con la ilusión de repetir su historia de enriquecimiento rápido.
[90] M. A. Dollenz (2019). *Presencia y obra de portugueses en Magallanes*.

casado con Andrea Sánchez Delgado-[91], marineros arribados en 1881; Manuel da Sousa; António Brodalon, marinero arribado en 1881; Francisco Gomes, marinero arribado en 1881, el que formó hogar con María Jacoba Gallardo; Francisco Sousa, Joaquim Barres y Benito C. Gonçales, marineros arribados en 1881; João J. Cruz, António J. da Freitas y António Bento, marineros y loberos, arribados en 1887; un Joaquim de apellido olvidado, arribado en 1871; António Soares, arribado en 1873, fallecido de tuberculosis el mismo año de su llegada; António Pinheiro, marinero arribado en 1874 y casado con Catalina Ojeda; António Manuel Santos, marinero arribado en 1877; Filemon Andreadi, marinero llegado en 1878 y luego casado con Lorenza Vergara; Manuel Gomes Sousa, marinero llegado en 1882, quien formó familia, no está claro si con una Beatriz o con una María Dolores, que bien pudo ser un caso de bigamia; João Manuel da Cruz; Manuel Soares Silveira, marinero arribado en 1880 y quien formó hogar con una dama de nombre María Josefina; Alberto Madeiros, probablemente también marinero, arribado en 1881; José Ventura y João Tomas, marineros arribados en 1881; António Corado, marinero que llegó en 1882; João Rodrigues Peres, marinero arribado en 1883 y quien se casó con Griselda Oyarzo; Carlos Chapel, marinero arribado en 1886, quien formó familia con Mercedes Lays; Teodoro Antunes, obrero agrícola arribado en 1886, contrajo matrimonio con Abelina Aro; Benito Cardoso, también trabajador del campo, quien llegó en 1886 y se casó con Leonarda Delgado; António Pereira, marinero que llegó en 1888; João Silva, labrador que llegó en 1889, se casó con la ama de casa Ana Gonçalves, la única mujer portuguesa en este listado, arribada en1890; Gonçalo Correia -o Cruz Gonçales Correia-, marinero arribado en 1890 y que contrajo matrimonio con Doralisa Gutiérrez; Luis Miguel Lopes, labrador arribado en 1890, quien se casó con Francisca Alblac; Jose Luis António; el marinero Manuel António Mostacio, llegado en 1877; Manuel Gomes Correia, probablemente marinero, arribaba en 1879; Jose da Cruz, marinero arribado en 1883, quien se casó con Elena Brunel; José Cena y Manuel da Pino, marineros arribados en 1883. Un Salgueiro cuyo nombre se perdió en el tiempo, dependiente de comercio, arribado en 1887. Y finalmente -porque no dispongo de más antecedentes-: Joaquim Gomes da Motta, marinero que formó familia con Tránsito Garrido[92] [93].

Como se ve, la tónica era ser marinero… y llamarse António.

João Silva tuvo trágica muerte en el incendio que asoló una gran extensión de bosques entre Tres Puentes y Río Seco, en 1894, como se advierte en la crónica de *El Magallanes* a propósito de la pérdida total de uno de los aserraderos: *A breve distancia del establecimiento yacian los restos carbonizados de cuatro de los trabajadores que segun se supo posteriormente eran el mecánico Santiago Trobis, austriaco, el mayordomo Ricardo*

---

[91] Inscripciones del Registro Civil de Punta Arenas, septiembre de 1900.

[92] M. Martinic B. (2005). *Antecedentes para la historia social de Magallanes.*

[93] M. Martinic B. (1975). *Origen y evolución de la inmigración extranjera en la Colonia de Magallanes entre 1870 y 1890.*

Preusler, aleman, el administrador don José A. Rojas, chileno, y el cocinero Juan Silva, portugues[94].

Vieira, uno de los pilotos más capaces de la flotilla de Nogueira, en tierra solía embriagarse, y al momento de los pagos armaba gran trifulca acusando descuentos exagerados. Un joven Mauricio Braun, a la sazón apoderado de Nogueira, informaba a éste:

Siempre hay chillones como por ejemplo Juan Largo[95], *un bribón de siete zuelas. Al último este individuo se amansó lo mismo que un cordero y me vino pidiéndome por Dios que lo ejecutara y que le pagara su alcance y que todo lo que había dicho en la Capitanía hera a consecuencia de la borachera*[96].

João Coelho Vieira se casó en 1899 con Andrea Ceja Ulloa[97].

Resulta curioso el contrato sostenido entre Nogueira y Elías Braun en 1880, en que éste le entrega al primero a su hijo Mauricio para trabajar como dependiente de comercio por un sueldo de cuarenta pesos mensuales: *Firman (...) el señor Braun en hebreo por no saber firmar en español i haciéndolo a ruego de Don José Nogueira, por no saber firmar, uno de los testigos*[98].

Cabe mencionar aquí a dos portugueses de paso intermitente y fugaz por el austro chileno, empleados por el argentino Luis Piedra Buena, quien era marino, aventurero como el que más, y comerciante avecindado por un tiempo en Punta Arenas mientras intentaba reclamar para su país algunos territorios patagónicos que ya estaban -hacía ya un buen tiempo- bajo soberanía chilena. Trabó amistad con el joven Nogueira, el que intentaba emular la capacidad y espíritu empresarial del argentino. Los portugueses en cuestión tripulaban su goleta *Espora*, la cual viajaba desde la isla Pavón -a la cual se accedía navegando el río Santa Cruz- a Punta Arenas y al mar de Drake, comerciando y cazando lobos marinos. Ellos eran *(...) un tal Manuel Joaquim, que también le servía de cocinero (...), y António, un muchacho de buena disposición, casi siempre con una canción o una broma en le punta de la lengua, quien se desenvolvía bien en los oficios de gaucho, explorador en la caza terrestre, cazador de ballenas y lobos marinos, y si fuese necesario, también manejaba bien el cuchillo. El pobre acabaría herido de muerte en isla Pavón, en una de esas desavenencias remojadas en aguardiente y por motivos que nadie recordaría*[99]. La nómina de la tripulación que figura en la Capitanía de Puerto de Buenos Aires en un zarpe de 1863, aparte de Manuel Joaquim y el capitán Piedra Buena, incluye a cinco argentinos, dos *americanos* y a un brasileño. El piloto argentino y el cocinero portugués ganaban un sueldo de 25 patacones y al resto de la tripulación se le pagaba entre 14 y 17 de

---

94 Periódico "El Magallanes", 25 de febrero de 1894.
95 Apodo de João Vieira.
96 Citado por M. Martinic B. [1986]. Pág. 38 (1993).
97 Registro Civil de Punta Arenas, abril de 1899.
98 Citado por M. Martinic B. [1986]. Pág. 62 (1993).
99 M. Bello (2020). Pág. 78.

la misma moneda[100] [101]. En su recalada en el puerto de Punta Arenas fueron recibidos por el gobernador Damián Riobó, quien sabía muy bien que Piedra Buena era un gran marino y mercader, pero que además sus intenciones eran las de reclamar para Argentina gran parte de la costa continental del estrecho de Magallanes, desde cabo Vírgenes hasta cabo Negro, incluyendo la isla Isabel[102]. La goleta *Espora*, tenida para los efectos como buque de guerra argentino, y su abigarrada tripulación, eran descritos por el gobernador como *(...) tiene todas las apariencias de un barco pirata y es tripulado por ocho o diez vagabundos de naciones diferentes, siendo argentino sólo el capitán[103]. (...) El buquecito y su capitán tienen trazas de semipirata, no dudando por un momento que se ocupa y se halla ocupado siempre en expediciones que no podrá legitimar[104].* Cabe aquí hacer notar que, no obstante las apariencias de su embarcación y lo sospechoso de las cataduras de sus tripulantes, de piratas no tenían nada. Piedra Buena llegó a ser un héroe naval en la historia argentina, reconociéndosele el grado de teniente coronel, y comandante de un buque escuela. Enfocó su quehacer vital en fomentar el desarrollo y colonización de los territorios reclamados por Argentina, además de socorrer a los sobrevivientes de una infinidad de naufragios, prestando tiempo y recursos, en desmedro de su actividad empresarial. Resulta notable la recepción de héroe que le brindó Punta Arenas en 1883, tras ocho años de ausencia[105].

Volviendo a la historia de José Nogueira y sus compañeros, es de toda lógica considerar que no se puede hacer fortuna de la nada, ni menos a tal extensión y rapidez, si no es con el esfuerzo e inteligencia propios, pero también -y fundamentalmente- con el trabajo de otros. Por mucho que el mismo Nogueira no era de eludir el trabajo físico, era forzoso que tuviera que contratar mano de obra. No es de extrañarse entonces que don José, aunque de extracción popular y astilla del mismo palo, soliese incurrir en mezquindades a la hora de pagar por los servicios de sus empleados. Es probable, por lo tanto, que João Vieira tuviese razón en sus reclamos, borracho o no. Tuvo que ceder ante el apremiante "tómalo o déjalo", y bueno, era un trabajo al fin, y por aquellos años en que todavía no comenzaba la primera época de oro de la colonia, no podía arriesgarse a quedar cesante y sin recomendaciones. Nogueira sabía ser solidario, eso sí, especialmente cuando se trataba de compatriotas en apuros. Tal fue el caso del joven António Soares quien, recién llegado a Punta Arenas en 1873, y habiendo trabajado a su servicio, se encontró gravemente enfermo, como otros, *(...) atrapado por el "capitán de todos los hombres de la muerte"[106], esa "enfermedad del pecho" que los devoraba por dentro hasta el último suspiro[107],* y fue

---

[100] R. Entraigas. *PIEDRA BUENA CABALLERO DEL MAR* (1987). Pág. 63.

[101] Se ve el valor que se la asignaba a la cocina portuguesa.

[102] R. Entraigas (1987). Págs. 75 y siguientes.

[103] Se contradice con la información del zarpe.

[104] Damián C. Riobó. *Exposición sobre los Acontecimientos que han tenido lugar en la Colonia de Magallanes (1868).* Citado por R. Entraigas (1987). Págs. 72 - 73.

[105] R. Entraigas (1987). Págs. 361 y siguientes.

[106] Se refiere a la tuberculosis.

[107] M. Bello (2020). Pág. 107. Traducción del portugués por el autor.

socorrido por don José, tanto en su enfermedad como a la hora de su fallecimiento[108], costeándole la mortaja, el velorio y el entierro, y ordenando también una misa por el descanso de su alma.

Siendo joven y estando en tierra, Nogueira de vez en cuando visitaba, con sus compañeros, algún local de diversión nocturna. En uno de esos chincheles se prendó de una bellísima y encantadora jovencita, de nombre Rosario Peralta Montenegro, hija de un matrimonio oriundo de Chiloé. Entabló con ella una relación formal, y a poco andar le propuso casamiento. Nunca lo hubiera hecho: se convirtió en su peor pesadilla.

Fig.2.3. Retrato de José Nogueira (c. 1888).

En 1871 contrajeron matrimonio -ambos debidamente confesados- en la capilla de Punta Arenas, cuando José tenía veintiséis años y Rosario, quince. Al principio era todo luna de miel, pero a poco andar, y dada la circunstancia de que el portugués debía ausentarse del pueblo en forma frecuente, tal parece que Rosario redescubrió su antigua vocación, volviendo a sus costumbres disolutas. Pasó a ser el centro de la chismografía vecinal, justo en el tiempo en que José Nogueira había logrado comenzar a insertarse en los círculos de la alta sociedad de la colonia, en la que pesaban más las libras esterlinas que los blasones. Su esposa no era, para el efecto, una buena carta de presentación. Por eso y por muchas otras desavenencias, y de común acuerdo, Rosario fue enviada a residir a Montevideo, y el sagrado vínculo se disolvió de hecho al cabo de diez años de casados, y de derecho a los trece. Nogueira le mantenía una pensión que le bastaba para vivir, y para no abundar en mayores detalles, diré que la mujer se las arreglaba para hacerle la vida

---

[108] El mismo año de su llegada.

imposible con sus amenazas y demandas hasta su muerte -la que acaeció al día siguiente de su regreso a Punta Arenas- por la tuberculosis que la afectaba.

En 1888 y a cinco años de su divorcio, se celebró la boda de don José Nogueira (Fig. 2.3), de cuarenta y dos años, y doña Sara Braun Hamburger, de veinticuatro, hermana de Mauricio, su dependiente de comercio. La prestigiosa dama magallánica probó no sólo ser una esposa fiel y cariñosa, sino también una excelente colaboradora y luego heredera y continuadora de sus afanes empresariales. El portugués, luego de sufrir una tuberculosis de curso arrastrado, terminó falleciendo en Arequipa -adonde se había desplazado en busca de salud- a los cuarenta y nueve años, sin llevarse nada material a su sepultura, la que ocupó provisoriamente y durante tres años en el *cementerio viejo*, ubicado en la actual plaza Lautaro. Desde el 4 de mayo de 1896 sus restos se encuentran en el cementerio municipal *Sara Braun*[109].

De tal manera, al fallecer en 1893, José Nogueira legaría a la posteridad un conjunto de acciones empresariales en variado grado de desarrollo que, en su propia ulterior evolución, en su consolidación e interrelación, contribuirían al desenvolvimiento, económico en primer término, y social, por derivación, de los territorios de la Patagonia y la Tierra del Fuego en general y de Magallanes en particular. Sería aquella una consecuencia histórica trascendente por demás, que afirmaría la meritísima condición pionera, protopionera, del joven inmigrante que tan desamparado arribara a Punta Arenas en un desconocido día de aquel ya lejano año 1866[110].

En cuanto a otros lusitanos de la primera oleada, en diversas fuentes primarias se encuentran nombres de portugueses un tanto anónimos, que en esta investigación irán aflorando a la orilla del camino, y cuyas historias y raíces por ahora se desconocen.

A comienzos de marzo de 1894 nos encontramos con el portugués João Ferreira, del cual no tengo noticias previas. En efecto, cuando fondeó en la bahía de Punta Arenas la goleta *Teresita B.* con su bandera a media asta, las autoridades de la gobernación marítima se encontraron a su bordo con *el cadáver del capitán Estevan Buntilich, austriaco, y á Juan Ferreira, portugues, gravemente herido. El único hombre que condujo la embarcación á este puerto, Antonio Sgonvich, venia tambien lijeramente herido y agotado por el cansancio, pues desde ayer a las 11 de la mañana ha tenido que permanecer constantemente sobre la cubierta del cutter atendiendo á la navegación para conducirla á este puerto*[111]. Según se supo, ellos tres y un cuarto hombre, el también *austríaco* Giuseppe Giagnetich, constituían la tripulación de la embarcación que se encontraba anclada en Hidden Harbour cuando un grupo de *indios fueguinos*[112], con los cuales habían pacíficamente trocado víveres por pieles de nutria, de pronto abordaron la nave y los

---

[109] Periódico "El Magallanes", 3 de mayo de 1896.
[110] M. Martinic B. [1986]. Págs. 168 y 169 (1993).
[111] Periódico "El Magallanes", 11 de marzo de 1894.
[112] Kawéskar.

atacaron. El capitán Buntielich fue ultimado a hachazos. Ferreira fue herido en la espalda, y Sgonvich se defendió con su rifle, sin saber si produjo bajas entre los atacantes. Giuseppe Giagnetich desapareció. El único que quedó en condiciones de trabajar fue Sgonvich, quien de inmediato levó anclas e izó las velas *(...) y este infeliz ha tenido que navegar solo unas 150 millas atendiendo al velamen, manejando el timon y prestando auxilio a Ferreira hasta llegar al puerto*[113]. De Ferreira se sabe que pudo prestar declaración ante la autoridad competente, pero nada de la evolución de sus heridas[114].

En 1898 fallecía el portugués José Luis dos Santos[115]. Su esposa Antónia Jesus Santos y sus hijos Maria José y José Luis, agradecían, en una nota de prensa, las múltiples manifestaciones de aprecio y cariño recibidas en su sepelio. Expresaban un especial agradecimiento *(...) al ilustrado Dr. Mac-Lean por el celo y benevolencia desplegados durante la enfermedad de nuestro deudo*[116].

Según la *Memoria que presenta el Gobernador de Magallanes, hasta el 31 de marzo de 1899*, de Carlos Bories, los portugueses en la colonia ascendían a ochenta, constituyendo el 0,89% de la población[117]. El flujo inmigratorio extranjero más importante en Magallanes se produjo en los treinta años transcurridos entre 1890 y 1920. Se estima que fueron unas once mil personas, de las cuales los croatas[118], los españoles, los británicos, los franceses y los italianos, daban cuenta de las nueve décimas partes de este caudal. El resto estaba constituido por grupos muy minoritarios, entre los cuales la proporción de portugueses, en relación al total de extranjeros, fue disminuyendo progresivamente de 4,22% en 1885 a 0,76% en 1930. Y esto no fue por una merma de lusitanos sino por el gran aumento que experimentó la inmigración de otros países[119]. Es así como en números absolutos, en 1885 había treinta y tres portugueses; según el censo de 1920, de 4.271 extranjeros, cincuenta y uno eran portugueses; en el de 1925, de 7.000 extranjeros, ciento veinte eran portugueses; en 1930 había treinta y ocho[120]. En 1907 los portugueses habían sido cuarenta, y constituían el 0,33% de la población de la colonia[121]. De éstos, 87,17% eran hombres, y 12,82% eran mujeres[122]. Esto último, como bien decía Lautaro Navarro, *(...) tiene una esplicacion mui natural. El emigrante que sale de su pais en busca de mejor*

---

[113] Periódico "El Magallanes", 11 de marzo de 1894.

[114] Por aquellos años no existía ningún hospital en la colonia de Punta Arenas.

[115] Más antecedentes sobre este portugués en el capítulo "La memoria familiar" de este libro, en lo referente a la familia dos Santos Souza.

[116] Periódico "El Magallanes", 12 de junio de 1898.

[117] Periódico "El Magallanes", 23 de marzo de 1900.

[118] Inicialmente conocidos como austríacos (ingresaban con pasaporte austro-húngaro, pero en realidad en su mayoría eran dálmatas). Más tarde se les conocería como yugoeslavos, y finalmente se les reconoció su condición de croatas.

[119] El período en que fue más significativa la inmigración lusitana fue entre 1878 y 1882 en que, de cien inmigrantes extranjeros, veintitrés eran portugueses. M. Martinic B. (1975).

[120] M. Martinic B. (2000). *La inmigración extranjera minoritaria en Magallanes*.

[121] L. Navarro A. (1907 - 1908) *CENSO JENERAL DE POBLACION I EDIFICACION, INDUSTRIA, GANADERIA I MINERIA DEL TERRITORIO DE MAGALLANES*. Tomo I (1907). Pág. 354.

[122] Ibíd (1907). Pág. 137.

campo de trabajo, lo hace siempre solo i no llama a su familia sino cuando ha encontrado una situacion ventajosa i segura[123]. Concomitantemente, Porvenir, con un total de quinientos diecinueve habitantes, contaba con sólo un portugués, quien seguramente platicaba con el único brasileño (Fig. 2.4)[124].

PORVENIR   No. 128

NACIONALIDAD I SEXO DE LOS EXTRANJEROS

Poblacion urbana. Ciudad i alrededores

NACIONALIDAD	CIFRAS ABSOLUTAS			EN CADA 100 DE CADA NACIONALIDAD RESULTAN:		PROPORCION % de cada nacionalidad sobre el total de 296 estranjeros	PROPORCION % de cada nacionalidad sobre la poblacion total de 519 habitantes	ESTRANJEROS NACIONALIZADOS
	H.	M.	T.	H.	M.			
	a	*b*	*a+b*	%	%			
Alemanes	11	4	15	73.33	26.66	5.06	2.89	—
Arjentinos	5	8	13	38.46	61.53	4.39	2.50	—
Austro-Húngaros	137	30	167	82.03	17.96	56,41	32.17	—
Brasileros	1		1	100.—	—	0,33	0.19	—
Dinamarqueses	3	—	3	100.—	—	1.01	0.57	—
Españoles	13	—	13	100.—	—	4.39	2.50	—
Franceses	2	1	3	66.66	33.33	1,01	0.57	—
Ingleses	37	8	45	82,22	17.77	15.20	8,67	—
Italianos	13	4	17	76.47	23.52	5,74	3,27	—
Norte-Americanos	6	1	7	85.71	14.28	2.36	1,34	—
Noruegos	2	—	2	100,	—	0.67	0.38	—
Paraguayos	1	—	1	100,		0.33	0.19	—
Portugueses	1		1	100.—	—	0.33	0.19	—
Rusos	2	1	3	66.66	33.33	1,01	0.57	—
Suecos	1		1	100.—	—	0.33	0.19	—
Uruguayos	1	3	4	25,	75.—	1.35	0,77	—
TOTALES	236	60	296			99,92	56.90	—

Fig. 2.4. Tomado del censo dirigido por el Dr. Lautaro Navarro Avaria, efectuado en 1906.

Así como la población portuguesa era ínfima, también lo era el intercambio comercial con Portugal en una época en que la colonia de Magallanes era -en la práctica- económicamente autónoma respecto al resto de la República. La potencia europea que más exportaba a Magallanes era Gran Bretaña, que entre 1903 y 1906 aumentó sus ventas de $ 1.179.782 a $ 3.166.878. Portugal, en el mismo período, aumentó de la modesta suma de

---

[123] Ibíd (1907). Introducción. Pág. LI.
[124] Ibíd (1907). Pág. 219.

$ 19.575 a $ 40.994[125]. En 1907 los portugueses eran dueños del 0,63% de la propiedad urbana, y el 0,52% de la propiedad rural[126]. Ese mismo año la matrícula del puerto de Punta Arenas registraba las inscripciones de ciento cincuenta y cuatro embarcaciones -incluyendo desde simples botes a naves de gran tonelaje-, de distintos propietarios individuales o empresariales. De éstas, solamente una aparece como de un portugués: la goleta *Formiga*, del lobero João Souza Bettencourt[127] quien, dicho sea de paso, había integrado el primer directorio de la Sociedad de Beneficencia Portuguesa.

Como se ve, los pesos poblacional y económico de la colonia portuguesa eran mínimos, pese a lo cual los pocos lusitanos y sus descendientes llegaron a ser de cierta importancia en el devenir histórico y social de Magallanes.

Hasta el primer decenio del siglo XX la mayoría de los pocos portugueses llegaron atraídos por la fama de -y para trabajar con- José Nogueira, tal como ocurriera a fines del siglo XIX. Más adelante Nogueira dejó de ser un referente, y fueron arribando solos o en pequeños grupos, en general hombres jóvenes que buscaban mejores horizontes para progresar, dejando atrás su amada y empobrecida patria portuguesa. La presencia femenina entre ellos era escasísima, y los solteros formaron sus familias, en su mayoría, con mujeres chilenas.

En 1895 otro portugués era noticia policial:

Desgracia.- El Lúnes pasado en bahia San Sebastian estaban reunidos varios trabajadores de la estancia que la "Sociedad Explotadora de la Tierra del Fuego" (...) Uno de ellos, portugues, Antonio Martinez se puso á limpiar un revólver y al echar una gota de aceite en el gatillo éste cayo saliendo un tiro que fué a herir á un compañero, José Miguel Bulquen, chileno (...) y algunas horas mas tarde Bulquen fallecio. En el acto del accidente Martinez, acompañado de otro empleado de la estancia emprendio viaje á Punta Arenas para dar cuenta del accidente. Ha hecho á caballo el viaje de San Sebastian a Porvenir, donde tomó una embarcacion para atravesar el estrecho. Martinez trae una carta del administrador de la estancia y una declaración firmada por otros empleados, testigos del hecho, afirmando que ha sido un acto enteramente casual[128].

Tampoco figura este portugués, quien originalmente se debió llamar António Martines, entre los primeros inmigrantes ni en los registros consulares.

En febrero de 1898 fallecía un portugués de cincuenta años en el naufragio del cutter *Creta. (...) De los tres ahogados sabemos que uno era un portugues llamado Silva que deja viuda i cuatro hijos pequeños[129]*. No poseo más datos sobre este lusitano. Los

---

[125] Ibíd (1907). Pág. 22.
[126] Ibíd. Tomo II (1908). Pág. 15.
[127] Ibíd (1908). Págs. 251 - 253.
[128] Periódico "El Magallanes", 9 de junio de 1895.
[129] Periódico "El Magallanes", 6 de febrero de 1898.

Silva en mis registros fueron João, fallecido en el incendio forestal de 1894 y otro João Silva, muerto en 1899. Bien podría tratarse de António da Silva, arribado en 1882.

Otra noticia:

A las 11 de la mañana del lúnes pasaba por la calle de Concepción[130] un joven portugués de apellido Araujo, i al enfrentar el restaurant de M. Bertrand Baylac sufrió un brusco ataque que lo botó al suelo hiriéndose lastimosamente la cara i sobre todo el labio superior. Fué llevado a la Farmacia de Piña i Cía. i atendido allí hasta que llegaron dos médicos de la colonia. Por suerte, después de un rato, Araujo se hallaba restablecido[131] [132].

Manuel Regueiro[133], con toda seguridad portugués, hacía noticia en 1901 por un hecho curioso: se presentaba a la policía a reclamar la propiedad de un aborigen, desconociendo tal vez que la esclavitud fue abolida en Chile en los albores de la independencia. Se trataba de *(...) un indio de 18 años que él había criado desde mui pequeño i que durante algunos días que estuvo ausente este señor, le había sido conquistado por Jacinto Silva (...)* Lo más insólito es que la policía le encontró la razón, obligando a Silva a entregar al indígena a Regueiro, *(...) por ser este último el único que tenía derecho relativo a reclamarlo[134].*

A fines de 1900 el *médico de ciudad* Dr. Lautaro Navarro Avaria recibía de Federico Albert, Jefe de la *Seccion de Ensayos Zoolójicos i Botánicos del Ministerio de Industria*, una solicitud a fin de que informara sobre los lobos marinos y nutrias que poblaban las aguas australes.

Relataba Navarro:

En seguida nos ocupamos del asunto buscando personas cuya palabra nos mereciera fé. Consultamos primero al antiguo capitan portugues don Manuel de Souza[135], que conoce el ramo de pesca [sic] de lobos en Magallanes desde 25 años. (...) Son observaciones que deben creerse. (...) Sin sus observaciones nosotros no habríamos podido satisfacer al señor Albert. Aunque nos haya dispensado el honor de dirijirse a nosotros, somos absolutamente incompetentes en la materia[136].

En el Cementerio Municipal de Punta Arenas y en la sepultura de la familia Williams está el fundador de la misma, Charles Williams, fallecido en 1904. Lo notable y curioso del caso es que su verdadero nombre era José Soares de Figueiredo, nacido en las

---

130 Actual calle Presidente Roca.

131 Periódico "El Magallanes", 7 de julio de 1898.

132 Es probable que se haya tratado de una crisis de epilepsia.

133 Puede ser el mismo Manuel Requeiros, o Rejeiro, integrante del primer directorio de la Sociedad de Beneficencia Portuguesa.

134 Diario "El Comercio", 28 de marzo de 1901.

135 Era uno de los listados más atrás, llegado a trabajar con José Nogueira.

136 Periódico "El Magallanes", 17 de marzo de 1901.

Açores, y más conocido como el *marino Carlos Guillermo*. Casado con doña Katherine McDonald, tuvo siete hijos, todos nacidos en las Malvinas. Dos de ellos, Charles y Joseph, se establecieron en Punta Arenas, donde instalaron una tienda de importaciones de ramos generales y ropa para caballeros frente a la plaza Muñoz Gamero, donde actualmente se emplaza el hotel Cabo de Hornos[137]. Resulta complicado, a estas alturas, investigar los verdaderos motivos que tuvo don José para albionizar su nombre, y de lograrlo, terminaríamos con una explicación tal vez sosa, con que se perdería el encanto del misterio. No resisto la tentación de elucubrar, sin embargo: ¿Necesitaba pasar por británico para ser aceptado por la familia de Katherine? Difícil, si no hablaba inglés a la perfección y con el acento adecuado. ¿O sería prófugo de la justicia portuguesa, o bígamo, o tenía cualquier otro motivo para ocultar su pasado? Lo novelesco da para mucho.

Todas las noticias esporádicas, de portugueses que no figuran en los registros consulares, ni de la Sociedad de Beneficencia Portuguesa, dan cuenta de una inmigración solapada, gota a gota en el tiempo. Ya en 1901 existía al menos una línea de vapores, la *Compañía Transatlántica Española*, que podía facilitar las cosas, según su publicidad, en que se leía que tenía un itinerario mensual *(...) entre los puertos de Liverpool i Valparaiso con escalas en Francia, España, Portugal, Brasil i Uruguai*[138]. Tal vez no sepamos nunca cuántos realmente fueron los portugueses que llegaron a enriquecer el acervo social y cultural de Magallanes.

También se celebraba el cumpleaños del rey de Portugal:

(...) el Sr. Cárlos Heede, cónsul de esa nacion, para celebrar esa fecha, reunió en su casa habitación á algunos de sus amigos ofreciéndoles un espléndido lunch en el que se reunian las viandas mas esquisitas á un servicio irreprochable. (...) Llegado el momento del champagne, el Sr. Heede pidió a los concurrentes una copa por su majestad don Carlos I y al mismo tiempo por Chile y su gobierno. Varios de los presentes hicieron en seguida uso de la palabra recordando las glorias del Portugal que siglos atrás fué una de las grandes naciones marinas del mundo como lo demostraron Vasco da Gama y Hernando de Magallanes con sus inolvidables viajes y descubrimientos jeográficos[139].

Así como llegaban portugueses, nacían sus hijos, y también morían. Ellos y sus hijos. Constan en las inscripciones del Registro Civil de 1895, por ejemplo, el nacimiento de María Delfina Gómez i Garrido, hija del portugués Joaquim Gomes da Motta, quien no sabía firmar, debiendo hacerlo un testigo; en 1899 nacían Rosa Amelia Rio i Ugueda, Julio Alberto Silva i Almeida, María Bettancourt i Gonzalez, y Roberto Gregorio Gomes i Adams; en 1900 se registran los nacimientos de Esmeralda Teodorina Gomes i Sousa, Rosa Hortensia Regueiro i Lara, fallecida a los seis meses de edad; José Alejandro Rio i Ugueda, Mateo Araujo i Bulquen, quien fallecía a los pocos minutos de vida. En 1901 nacía Juan de

---

[137] Archivos Cementerio Municipal "Sara Braun" de Punta Arenas.
[138] Periódico "El Magallanes", 1 de julio de 1901.
[139] Periódico "El Magallanes", 6 de octubre de 1895.

Dios Lorenço i Millalonco, chileno, fallecido a las 24 horas de vida. Entre los que fallecían en 1896 suenan apellidos portugueses, como Juan Guillermo Araujo i Bulquen, chileno, 2 años, y Josefina Tejeiro i Gutierrez, chilena, minutos; en 1899 fallecía Antonio dos Santos, portugués, 40 años; Juan Silva, portugués, 50 años; Alorzo Andrades, portugués, 26 años; Andrés Philemon, portugués, 43 años. En 1900 fallecía a los 50 años el portugués Manuel Pereira, así como Carmen Araujo i Bulquen, 16 meses, chilena; Simón Roque Araujo i Bulquen, 5 años 6 meses, chileno[140]; Manuel dos Santos Lleuquén, 14 años, chileno; en 1901 se inscribían los fallecimientos de Domingo Soie i Alve, portugués, 27 años, casado; Luis Miguel Lopes i da Cruz, 64 años, portugués; Julio Luis Monteiro i Paul, portugués de 46 años; Rosa Hortencia Regueiro i Sara, chilena, 6 meses.

Había emprendimientos modestos liderados por portugueses, como una *Hojalateria de Lisboa*, promocionada en la prensa en 1896, cuyo propietario era el señor Lorenzo Freitas[141]. Otra hojalatería abrió más tarde en la calle José Nogueira y figura como funcionando en 1919, llamada *Jordana y Jaime*, uno de cuyos socios era el portugués Francisco Jaime (Figs. 2.5 y 2.6). Ninguno de estos hojalateros se encuentra en mis registros.

Fig. 2.5. El portugués Francisco Jaime. Cortesía Sr. Arturo Castillo Cabezas.

[140] Era el tercer hermano Araujo Bulquén fallecido en el transcurso de cinco años, desgracia bastante común en aquellos tiempos, en que las enfermedades infectocontagiosas mermaban la población infantil.
[141] Periódico "El Magallanes", 22 de noviembre de 1896.

Fig. 2.6. Hojalatería Jordana y Jaime (c. 1919). Cortesía Sr. Arturo Castillo Cabezas.

En 1897 aparecía en el periódico "El Magallanes" el siguiente inserto:

Colejio portugues

Hago presente al público que desde el lúnes 15 del mes en curso funcionará un colejio para enseñar toda clase de trabajos como bordados, tejidos, flores, etc., etc. Me encargo tambien de hacer cualquier trabajo concerniente a esos ramos, al gusto del solicitante.
Calle de Maule, número 57, esquina de la playa.
Preceptora y directora[142].

De este colegio nunca más se supo, ni tampoco quién era su *preceptora y directora*. Sospecho, sin embargo, de la ciudadana portuguesa Maria José dos Santos Souza, arribada en 1896, quien declaraba ser *profesora de labores*. Hija del rigor, como la mayoría de los inmigrantes, no se amilanó y emprendió, pese a que al momento de anunciar la apertura de su colegio ella era una adolescente de dieciséis años[143].

El ingeniero mecánico escocés George H. Slight, especialista en faros, fue contratado por el gobierno del presidente Jorge Montt para dirigir la construcción de una red de faros a lo largo de toda la costa chilena, iniciando su trabajo en el islote *Evangelistas*. El 19 de marzo de 1894 escribía en su bitácora:

---

[142] Periódico "El Magallanes", 11 de noviembre de 1897.
[143] Consulado de Portugal. *Matricula dos Sidadões Portugueses* 1914 - 1934. Cortesía familia Vicente Rita.

He pasado el tiempo entrevistando marineros y recopilando información sobre Evangelistas. Encontré que hay muchas contradicciones sobre el lugar para desembarcar, la naturaleza de la roca, el agua en la roca, etc. Entrevisté al capitán Pretch; capitán Gonzalo[144] *(portugués, que ha estado dos veces en la roca); capitán Harry Rothenburg; capitán John Stole y varios marineros*[145].

Otro de tantos portugueses de transcurso incidental por el territorio magallánico fue un marinero arribado a Valparaíso hacia 1910, en donde formó familia. Su apellido era dos Santos, pero fue inscrito en Chile como *Dus-Santos*. Navegó muchas veces por el estrecho de Magallanes, hasta su fallecimiento en 1944[146].

Anoto aquí una información periodística de 1921, que no pasa de ser anecdótica y que no corresponde a una inmigrante, sino más bien a un ave de paso:

La notable coupletista que actúa entre nosotros en el Teatro Politeama con extraordinario brillo y éxito, Lidia Ferreira, La Lusitana, *emprende viaje al norte en el vapor Ortega*[147].

Hacia 1913 Puerto Natales no era más que un villorrio, con precariedad en todos los servicios y suministros que hoy consideraríamos básicos y fundamentales. Al respecto escribe el autor natalino Jorge Díaz Bustamante: *Los pobladores de la época obtenían el agua del río Natales. Santos "El Portugués" se desempeñaba como aguador. La mayoría de las dueñas de casa hacían su lavado de ropa a orillas del río*[148]. Otro portugués olvidado.

El mismo Díaz Bustamante se refiere a los dichos del poblador Gabriel Bustamante, entrevistado en 1984 a la edad de 92 años, en que relataba sus recuerdos de 1917: *Había muchos chilotes. (...) También había extranjeros: alemanes, portugueses, españoles, pero éstos estaban de paso. Venían a trabajar y se iban*[149].

Los cónsules de Portugal

La primera manifestación -de que se tenga noticia- de la actividad diplomática portuguesa en los asuntos de Magallanes, fue protagonizada por el Ministro Plenipotenciario de Portugal, con sede en Buenos Aires. En efecto, a fines de la década de 1880, este personero, de nombre José de Sousa Lobo, le escribía a José Nogueira

---

[144] Pudo tratarse del marinero Gonçalo Correia -o Cruz Gonçales Correia-, arribado en 1890.
[145] G. Slight, *BITÁCORA FARO EVANGELISTAS* (2023). Pág. 35.
[146] Relato de su nieta, la enfermera Elcilia Berrueta Dus-Santos.
[147] Diario "El Magallanes", 10 de agosto de 1921.
[148] J. Díaz (1994). *CRÓNICAS DE ÚLTIMA ESPERANZA*. Pág. 20.
[149] Ibíd. Pág. 42.

inquiriéndole sobre el precio y cuánto demoraría en hacerle llegar *unas pieles finas para uso de su señora, en particular unas chinchillas, y unos buenos quillangos*[150] [151].

En 1894 se instituyó el viceconsulado de Portugal, cuyo primer titular fue el comerciante Carlos Heede. Aunque alemán, sirvió lealmente los intereses del país lusitano y sus ciudadanos. Respetado por la comunidad, como traslucía la crónica periodística que señalaba que *(...) este apreciable caballero aleman, socio de la casa de Heede & Glimann de esta plaza, partirá hoy o mañana para Europa para quedar allá hasta Febrero o Marzo del año próximo. Deseamos al Sr. Heede la mas completa felicidad en su viaje*[152]. Viajaba frecuentemente el cónsul, y la prensa se encargaba de anunciar sus salidas y llegadas, incluyendo sus desplazamientos dentro del territorio nacional. No tan placentera era la noticia que se daba los primeros días de 1901: *Hoy se declaró un incendio en la casa de comercio de los señores Heede y Glimmann (...) En el siniestro la edificación se perdió por completo, incluyendo las dependencias en que vivía el socio del cónsul, don Claudio Glimmann, quien ha sufrido quemaduras de cierta gravedad*[153]. Este socio, compatriota y amigo de Heede, don Claudio Glimmann, ejercía como cónsul subrogante en algunas ocasiones. En el ejercicio de dicho cargo encontró la muerte el 18 de marzo de 1902, tal como refería lo nota de prensa:

Ayer, a las 6.30 de la tarde, ha dejado de existir después de cortas horas de enfermedad el vice-cónsul ad interin del Portugal en Punta Arenas, don Claudio Glimmann. En circunstancias que se hallaba en el Hotel de la Bolsa, experimentó una lijera dolencia al corazón. Como siguiese indispuesto se retiró a una pieza de los altos del mismo hotel; (...) a la hora que dejamos apuntada, el señor Glimmann dejó de existir.

El señor Glimmann muere a los 88 años de edad; era un antiguo residente en este territorio, al que llegó como empleado de la casa del señor José Menéndez en la cual permaneció varios años. Un poco tiempo después formó una sociedad en esta plaza con el señor Cárlos Heede y otro, la cual subsistía aun con el último[154].

Al fallecimiento de Heede, y en razón del Decreto Supremo N° 1423 del 17 de julio de 1906, asumió en calidad de vicecónsul de Portugal el educador y empresario italiano Juan Bautista Contardi Gastaldi[155], y por renuncia de éste, lo hizo como vicecónsul interino don Hans Wippelmann[156]. Contardi, quien había llegado en 1886, y a los 21 años, desde su natal Génova, fue cofundador del periódico *El Magallanes* en 1894 y, más adelante, de *El Comercio*. Empresario, reconocido hombre público que se desempeñó en

---

[150] Mantas de piel de guanaco usadas por los tehuelches.

[151] M. Bello (2020). Págs. 214 - 215.

[152] Periódico "El Magallanes", 12 de julio de 1896.

[153] Diario "El Comercio", 15 de enero de 1901.

[154] Periódico "El Magallanes", 19 de marzo de 1902. Citado por P. Cruz N. (2019) en *DONDE DESCANSA LA HISTORIA*. Pág. 104.

[155] Datos aportados por María Angélica Dollenz

[156] L. Navarro Tomo II (1908). Pág. 315.

diversos cargos edilicios, gubernamentales, en entidades educativas y societarias, escritor, superintendente del cuerpo de bomberos, también fue agente consular de Italia[157].

Por aquellos años los cónsules ejercían una labor meramente protocolar, como se demuestra en el censo de 1906 conducido por el Dr. Lautaro Navarro, en que se expresaba que los censistas deberían ser muy acuciosos en la determinación de la nacionalidad de los encuestados, puesto que *(...) segun lo prescrito en la Constitucion Política del Estado, toda persona nacida en el territorio es chilena, i, como no hai aqui agentes diplomáticos, puesto que los cónsules no tienen ese carácter, no caben escepciones*[158].

En 1920 se conmemoraban cuatrocientos años de la primera navegación del estrecho de Magallanes. Nunca antes se había reunido en Punta Arenas tal cantidad de ilustres visitantes, y había que demostrar *cómo quieren en Chile al amigo cuando es forastero*. Representantes de treinta países… ¡y un príncipe! Era más de lo que mucha gente humilde, como lo era la gran mayoría en este Magallanes tan alejado del mundo civilizado, podrían haber soñado con ver en su vida. Se hacían reuniones, se programaban las actividades y agasajos, para qué mencionar el montaje del monumento. Erigido por disposición testamentaria del acaudalado empresario asturiano José Menéndez, su autor fue el escultor Guillermo Córdova. Construido en Buenos Aires y transportado en un vapor, don Fernão rehacía, parcialmente y cuatrocientos años más tarde, la ruta que lo llevó a la gloria.

Se constituía un comité a cargo de las celebraciones del centenario, se mandaban a acuñar medallas conmemorativas, ensayaba la Compañía Lírica. Se recolectaban aportes de auspiciadores, tanto regionales como del norte del país. Un mes antes de la llegada de los invitados se publicaba el programa oficial, destacando la llegada de los buques a la bahía: izamiento al unísono, al momento del fondeo en el puerto y al disparo de una salva de cañón, del pabellón nacional en toda la ciudad; se declaraba día festivo el día siguiente, en el cual se inauguraría el monumento -previo Te Deum-, seguido de un gran desfile militar y civil, incluyendo bomberos, Cruz Roja y boy scouts; visitas al hospital, asilos y orfanatos; tarde deportiva; asado al palo ofrecido por la colonia española; entrega de medallas *Cuarto Centenario* en sesión solemne de la municipalidad; en la noche banquete a los embajadores y desfile de carros alegóricos. Y así seguía una extensa programación que se extendería del 9 al 14 de diciembre[159], en que -agotados- los ilustres visitantes se embarcarían de regreso[160].

Por cierto, no sólo llegarían embajadores: desde el día anterior al arribo se contaría con la presencia de setenta miembros del *Comité Central por el Cuarto Centenario*, llegados en el vapor *Imperial*, veintidós en el *O'Higgins* y la *Esmeralda*, quince en el *España*. Se incluía a nueve damas, y se agregaban doce diputados y cuatro senadores; el Ministro del Interior Sr. Enrique Larraín Alcalde, los señores Juan Luis Sanfuentes

---

[157] N. Toledo (2010). *100 PERSONAJES HISTÓRICOS DE PATAGONIA Y ANTÁRTICA*. Pág. 47.
[158] L. Navarro Tomo I (1907). Introducción, pág. XXVI.
[159] Los festejos se postergaron, finalmente llevándose a cabo del 15 al 20 de ese mes.
[160] Periódico "The Magellan Times", 10 de noviembre de 1920.

Echazarreta, hijo del Presidente de la República, en su representación; Julio Prado Amor, Matías Errázuriz, Diego de Castro Ortúzar y Enrique Larraín Morandé; los generales Luis Altamirano y Pedro P. Dartnell, los coroneles Arturo León del Río y Eduardo Irrazábal, todos estos altos oficiales con sus respectivos capitanes ayudantes. Entre los representantes extranjeros venían: de España S.A.R. Don Fernando María de Baviera y Borbón, Infante de España y representante del rey D. Alfonso XIII (Fig. 2.7); jefe de la misión don Francos Rodríguez, el Duque de Arco D. Marcelino Valentín Gamazo, El Vizconde de Norrera, el Marqués de Iznate y varios oficiales navales. De Portugal el embajador D. Alberto D'Oliveira y el secretario D. Manuel de Anta D'Oliveira. Los había también del Vaticano, Gran Bretaña, Estados Unidos, Brasil, Paraguay, Argentina, México, Costa Rica y Panamá. No faltó la prensa, con corresponsales de *El Mercurio*, *La Nación*, *El Diario Ilustrado*, *La Época*, *El Sur* y *ABC* de Madrid. Se presentaría también el buque argentino *Rivadavia* y de Estados Unidos los cruceros *Dolphin* y *Desmoines*[161]. La programación de actividades (Fig. 2.8) y su realización tuvieron feliz coincidencia, inolvidable para visitas y anfitriones.

Fig. 2.7. S.A R. Don Fernando María de Baviera y Borbón, Infante de España.

---

[161] Periódico "The Magellan Times", 29 de diciembre de 1920.

Fig. 2.8.

¡Qué gran oportunidad para el lucimiento de la colonia portuguesa! Sin embargo, no fue así. La colectividad lusitana, manifestada como consulado, colonia o sociedad de beneficencia, no participó en la preparación ni en el desarrollo de las actividades. Todo ello obedecía al conflicto suscitado con la diplomacia portuguesa por el nombramiento de cónsules en Punta Arenas que no eran del agrado de los connacionales residentes.

Tres años más tarde, algunos portugueses se desahogaban a través de un libro de actas, iniciado en 1924 y terminado en 1926:

En Punta Arenas (...) a 13 días del mes de julio de 1924 se reunió la Colonia Portuguesa en la sala de sesiones de la Sociedad de Beneficencia Portuguesa, para tratar de anular el nombramiento de vice-cónsul del Sr. Alejandro Cané, recientemente nombrado por el Sr. Ministro de Portugal en Buenos Aires Sr. D'Oliveira.

En 1920 fue nombrada una comisión de cuatro portugueses, siendo elegidos los Sres. Francisco F. Gomes, João S. Betencurth [sic] y João Fernandes para entrevistarse con el Sr Ministro y pedirle la dimisión del Sr. Valencia Curbis, en aquella fecha vice-cónsul de Portugal, de tan triste memoria; y que fuese nombrado el Sr. Juan Hoeneisen de vice-cónsul en propiedad. El Sr. João de Betencourth no pudo asistir por enfermedad y el Sr. João Fernandes por ausente, en su lugar fueron los señores João Lopes, Alexandre Lopes, Silvestre Forte, Manuel Brazil y António Santana. Esta comisión hizo presente al Sr. Ministro la mala elección que había hecho al elegir al Sr. Valencia Curbis y pidieron que fuese nombrado el Sr. João Hoeneisen; el Sr. Ministro después de un gran debate nos dio palabra que una vez que el Señor Valencia dejase el Vice-Consulado, lo que sería más que seguro en el próximo mes de marzo nos daba palabra de investir al señor João Hoeneisin de Vice-Cónsul ya que eran los deseos y aspiraciones de la colonia portuguesa[162].

Hoy mismo el señor ministro (que es vergüenza decirlo) renuncia a su palabra comprometida ante compatriotas y para vergüenza y desprestigio de los portugueses, nombra vice-cónsul al señor Cané, persona que no es grata a la colonia portuguesa.

Fig. 2.9. Recorte de 1920 del periódico "The Magellan Times" de Punta Arenas.

Las opiniones de las autoridades respecto al embajador D'Oliveira (Fig. 2.9), expresadas en 1920 en sendos discursos, eran las siguientes:

Visión nos da de Portugal un brillante lucero de su ciencia y de su literatura, uno de los más inspirados príncipes de su Parnaso, el eminente señor Embajador Alberto D'Oliveira[163], manifestaba el embajador de Brasil Sr. J. M. Cardoso de Oliveira en el Instituto Agronómico de Santiago de Chile, el 30 de noviembre de 1920.

Por su parte, decía en su discurso en la embajada de Portugal el Ministro de Relaciones Exteriores de Chile Sr. Luis Aldunate, el 3 de diciembre de 1920: *La visita con que hoy nos honra, por primera vez, el Excmo. señor D'Oliveira, que es al mismo tiempo que Embajador especial, Enviado Extraordinario y Ministro Plenipotenciario de Portugal ante el Gobierno de Chile, ha tenido para nosotros una doble ventaja: la de traernos en esta solemne ocasión el concurso y la voz de la ilustre Nación portuguesa y la de darnos a*

---

[162] El Sr. Valencia no dejó el viceconsulado en ocho meses, sino en cuatro años después.

[163] *Colonia portuguesa de Santiago de Chile* (1921). Pág. 40.

conocer en la persona de su representante, al diplomático brillante, al sabio y al erudito que el señor D'Oliveira ha revelado ser en los poquísimos días que lleva de permanencia en nuestro suelo[164].

El gran intelectual y diplomático, sin embargo, no fue capaz de manejar el conflicto con los sencillos portugueses de Magallanes. El brillante orador -cosa indiscutible- no supo conciliar su tozudez con los intereses de un grupo de personas de humilde origen, ninguno de los cuales ostentaba instrucción escolar más allá de la primaria. Continuaba así el libro de actas antedicho:

La colonia portuguesa forma unida un block, para protestar por el atropello cometido y exige la palabra dada por el señor ministro, y queda constituida para defender el prestigio de la patria ausente, a toda costa, y mandar cuatro protestas: al Señor Ministro de Portugal en Montevideo, al mismo Señor Ministro Oliveira, al Señor Cónsul General en Santiago y al Exmo. Señor Ministro de Negocios Extranjeros en Lisboa[165].

Las protestas eran del siguiente tenor:

Exmo. Señor Ministro:
Triste fue la noticia aquí recibida de haber sido nombrado últimamente el Señor Alejandro Cané como vicecónsul de Portugal en Punta Arenas Chile.

La Colonia portuguesa (...) viene por este medio a protestar con todas sus fuerzas, y apelamos el elevado criterio y patriotismo de V. E. por el buen nombre de Portugal, a la protección a que tienen derecho los hijos de Portugal ausentes; que sea depuesto inmediatamente el Señor Cané del cargo de Vicecónsul de Portugal en esta ciudad, por no ser persona grata a la colonia portuguesa por motivos que por delicadeza silenciamos.

En 1920 habló una comisión designada por la colonia portuguesa con nuestro ministro Exmo. Sr. Alberto de Oliveira, accidentalmente en ésta por el Centenario de Fernão de Magalhães, pidiéndole la dimisión del Señor Valencia Curbis a esa fecha Vicecónsul y que fuese nombrado el señor João Hoeneisen, comerciante en esta ciudad, persona grata, consciente y de gran prestigio, a quien la colonia portuguesa debe muchos señalados favores y quien ya desempeñó ese cargo interinamente a satisfacción de la colonia portuguesa.

El Exmo. Sr. Ministro Oliveira (...) nos dio palabra (...) que, ya que con tanto empeño pedíamos al Señor Hoeneisen, él sería nombrado Vicecónsul en propiedad. ¿Será posible, Exmo. Señor, que un señor ministro de Portugal falte a la palabra prometida ante una comisión de portugueses que van a implorar justicia, pedir protección, y que velan por el prestigio de la madre Patria?

---

[164] Ibíd. Pág. 49.
[165] *Libro de Actas da Colónia Portugueza em Punta Arenas (1924 - 1927)*. Traducido del portugués por el autor.

Nosotros, portugueses reunidos, respetuosos de nuestras leyes, fieles a nuestra patria declaramos a V. E. que al actual Vicecónsul no le reconocemos para nada; por tanto esperamos de V. E. la destitución del Señor Cané y que sea nombrado el Señor João Hoeneisen por aclamación de la colonia portuguesa de Punta Arenas y acepte V. E. para honra de nuestra patria y satisfacción nuestra[166].

El primer cónsul de Portugal en Punta Arenas fue, desde 1894, el mencionado comerciante alemán Carlos Heede, y parece que a continuación, por un tiempo breve pero fructífero, el suizo Juan Hoeneisen. En 1919 no figuraba ningún representante de Portugal en el cuerpo consular de Punta Arenas[167], lo cual pudo obedecer a alguna situación circunstancial, nada de raro considerando lo agitado de las aguas por aquellos años. Antes del controvertido Valencia Curbis, el vicecónsul de Portugal había sido Manuel Alves Brazil, y en dos años el cargo había sido servido por ¡siete! personas: los mencionados Brazil y Valencia Curbis; luego Eduardo Preuse, David Maldonado, Alejandro Cané, O. Rivera y Alejandro Allen.

De todos estos señores sólo el primero, que es nuestro compatriota, defendió los intereses de los portugueses, al cual, sin saberse la causa, el Exmo. Sr. Ministro Oliveira avisó telegráficamente que entregase el consulado al Señor Valencia Curbis. Los seis restantes, es como si Portugal no existiese para ellos[168].

La colonia se empecinaba en conseguir el nombramiento de Hoeneisin, *Alcalde Municipal, persona distinguida, y que siempre ha preferido a los portugueses en sus industrias*[169].

El 14 de julio de 1925, en el día de Francia, todos los consulados izaron sus banderas, como era la costumbre y para saludar al país que festejaba su día nacional. Todos lo hicieron, menos Portugal. Esto colmó la paciencia de los portugueses, quienes protestaron mediante un inserto en la prensa y con una carta al vicecónsul interino Alejandro Allen, a quien le manifestaban *(...) el desagrado que la Colonia portuguesa tiene, al ver que nuestro reprezentante no ha sabido cumplir con su obligación. (...) como por el aniversario de la Republica Francesa el pabellon portuguez no lució sus colores, como las demás naciones? Porque el escudo portugues que es el emblema de la nacion no se ha vuelto a ver desde que el Consulado se trasladó de la calle Körner? Que podemos pensar al ver el abandono en que nos deja Ud.*[170]?

---

[166] Ibíd.
[167] Anuario Sucesos (1919 - 1920). Pág. 728.
[168] *Libro de Actas da Colónia Portugueza em Punta Arenas* (1924 - 1927).
[169] Ibíd.
[170] Esta carta, transcrita en el libro de actas de la colonia portuguesa, que debió ser escrita en castellano y cuyo extracto se copia literalmente, es seña de que el cónsul desconocía por completo la lengua portuguesa.

Fueron tres años de lucha, en que los portugueses de Magallanes no lograron nada. ¡Quién sabe qué motivaciones tenía el Ministerio de Asuntos Extranjeros de Portugal para hacer oídos sordos al clamor de sus compatriotas, tan aislados y tan lejos de la Madre Patria! De tanto vivir en Chile, sin embargo, habían aprendido a conservar el sentido del humor, cualquiera fuese la adversidad, de lo que da fe el siguiente borrador para un inserto de prensa, emitido por un supuesto *Comité Portugués Pro-Defensa de la Patria*, el mismo mes de julio de 1925:

Se Gratificará

A quien de noticias del Vice Consul, bandera ó Escudo Portugues, que fue retirado de la calle Körner hace unos 15 dias. Ayer se nombró una comision de entre la Colonia Portuguesa y se busco en el Centro de la Ciudad; Barrio Miraflores; Poblacion Arturo Pratt [sic]; hasta el Matadero viejo, sin el menor indicio.

Apesar que estamos en creencia que habrá Vice Consul, porque de 1920 ala fecha hemos tenido 7 y de tantos debe haber uno, y dicen que Portugal no progresa!

varios Portugueses[171]

Por medio de una nota del vicecónsul Allen se enteraron que éste los recibiría en calle Valdivia 750, en que compartía provisoriamente dependencias con el Consulado Argentino[172]. De allí tampoco salió humo blanco.

De 1926 a 1938 ejerció como encargado del viceconsulado de Portugal el cónsul de la República Argentina señor Ángel M. Mango, quien renunció al ser designado Cónsul de Argentina en Santiago. Al parecer en forma apresurada y sin mayor prolijidad en la redacción, envió carta mediante la cual entregaba su cargo al Cónsul General de Portugal en Buenos Aires expresando:

Durante los doce años que he permanecido en Magallanes, he tenido el alto honor de representar honorariamente al gran país que Ud. tan dignamente representa en la República Argentina, esa representación la hecho [sic] con todo cariño y amor al gran pueblo de la República de Portugal, y sus dignísimos Mandatarios, hombre cumbre, que la mayoría de los Gobernantes deberían tomar como ejemplo la labor que desarrollan en bien y progreso del pueblo portugues, soy un admirador sincero de su patria y por eso lamento de corazón, tener que presentar a s.s. la renuncia de el cargo que durante doce años he venido desempeñando en ésta jurisdicción, como Encargado del Vice-Consulado del Portugal, por lo que antecede, le ruego aceptar mi renuncia de dicho puesto, y agradezco por su digno intermedio, al Supremo Gobierno de su país (...).

Me permito proponer y recomendarle para que me reemplace en ese puesto a un distinguido abogado y dignísimo ciudadano chileno, que desempeña hace doce años la Presidencia de la benemérita Institución, la "Cruz Roja", el Dr. Don Alberto Hiriart

---

[171] Cortesía familia Vicente.

[172] Ibíd.

Corbalán, un caballero a toda prueba, y tengo la seguridad, que la representación de Portugal en Magallanes, estaría dignamente representada con dicho ciudadano.

(...)

Aprovecho esta oportunidad para despedirme de s.s., y expresarle que en Santiago de Chile, estoy incondicionalmente a sus gratas órdenes, y que en mi cargo de Cónsul Argentino, trataré siempre a los súbditos de Portugal, como si yo defendiera sus intereses, como lo estaba haciendo durante doce años en forma honoraria[173].

En 1939 Hiriart Corvalán asumía como encargado, y recibía el puesto del cónsul Mango, con el correspondiente inventario, en el que, aparte de artículos de oficina, timbres y estampillas, destacaban:

Dos escudos para el frente del Vice-Consulado, uno en mal estado y el otro completamente nuevo; un disco con el Himno Nacional; cinco banderas, tres en mal estado, una en buen estado y otra completamente nueva; un asta de bandera para el frente del Vice-Consulado; dos volúmenes, Reglamento Consular Portugués, años 1904 y 1920; tres folletos "Constitución Política de la República Portuguesa"[174].

En 1942 era nombrado vicecónsul honorario en propiedad el señor Alfredo Hiriart Corvalán, según la nota de la *Legação de Portugal* en Santiago, en que el embajador Martines de Andrade le manifestaba:

Tengo la satisfacción de comunicarle que acabo de recibir, con fecha 19 de febrero, un Despacho del Ministerio dos Negocios Estrangeiros de Lisboa, en que se me comunica su nombramiento como Vice-Cónsul de Portugal en esa ciudad. Junto con la copia de dicho despacho, envío incluso dos membretes para que Ud. se sirva llenarlos y remitirlos a la Secretaría de Estado en Lisboa con la cantidad de Esc. 200$00, importancia debida como emolumentos por su nombramiento.

Al felicitarlo por su nuevo puesto hago votos sinceros por el éxito completo de su misión.

A bem da Nação[175]

Según información oficial de la Cancillería chilena, en 1951 seguía el mismo, y siendo cónsul honorario en Santiago el Sr. Carlos George-Nascimento[176]. El término de su misión revistió caracteres algo confusos. En efecto, en 1957 había un encargado del consulado, el Sr. Luis Arias, quien no tenía la representación oficial de Portugal. Es más, recién en 1962 las autoridades portuguesas advirtieron que el Vicecónsul Hiriart había

---

[173] Ibíd.
[174] Ibíd.
[175] Ibíd.
[176] Editor portugués, en cuya vida se basó la galardonada película "O livreiro de Santiago".

dejado la provincia de Magallanes y hecho abandono de su cargo consular, hacía ya cuatro años.

En ese tiempo al parecer tampoco había consulado general en Santiago, y el vicenconsulado en Punta Arenas dependía de Buenos Aires, como se advierte en el siguiente intercambio epistolar:

EMBAIXADA DE PORTUGAL
   SECÇÃO CONSULAR
    BUENOS AIRES

Señor Luis Arias Bruñen
Sociedad Agrícola Ganadera "José Montes"
<u>MAGALLANES</u>

5 de febrero de 1962

Tengo el agrado de dirigirme a Ud. con el fin de solicitarle tenga a bien informar si el Sr. Alberto Hiriart Corvalán no ha regresado a esa ciudad, quien es la persona encargada del Vice-Consulado de Portugal en esa y si el mismo ha tenido movimiento consular.

Al agradecer por anticipado la atención que se sirva dispensar a la presente, aprovecho la oportunidad para saludarlo con distinguida consideración.

DR. CARLOS SOARES DE OLIVEIRA
VICE-CONSUL

A lo que Arias respondía:

Señor
Vice-Cónsul de Portugal
Dr. Carlos Soares de Oliveira
<u>Buenos Aires</u>

Punta Arenas, 9 de Febrero de 1962

Señor Vice-Cónsul:

Tengo el agrado de dar respuesta a su atenta nota n° 51 fecha 5 del corriente mes, informándole que el señor Alberto Hiriart Corvalán que desempeñaba las funciones de Vice-Cónsul de Portugal en esta ciudad, no ha regresado a Punta Arenas por haberse radicado hace años en Santiago de Chile.

Cuando el señor Hiriart se ausentó de ésta, dejó en mi poder sin inventario, el archivo, sello oficial, estampillas consulares, un escudo y una bandera de Portugal, y por no haberse designado a persona alguna encargada del Vice-Consulado desde el retiro del señor Hiriart, no pude hacer entrega de esos utensilios, los que tengo a disposición de ese Consulado General.

Por dese motivo, no hubo ningún movimiento consular desde Marzo de 1958 en que el señor Hiriart se ausentó de Punta Arenas.

Sin otro particular, me complace saludar al Vice-Cónsul con mi consideración más distinguida, atto. y S. S.

Luis Arias Bruñen[177]

Desde ese momento, y hasta la nominación del autor de este libro, no hubo nuevos representantes consulares de Portugal en Magallanes. En 1993 y durante la conferencia de prensa ofrecida por el presidente Mário Soares, éste (…) *tomó como una reivindicación la apertura de un consulado portugués en Punta Arenas. Señaló que el tema ya se lo habían planteado y que no tenían dificultades en poder hacerlo realidad. De todas formas se comprometió a realizar todas las gestiones para que a corto plazo esto sea una realidad* (Fig. 2.10)[178]. Esta realidad, comprometida a corto plazo, demoró veintiséis años en concretarse. Las promesas de Portugal a veces tardan en cumplirse, pero siempre lo hacen.

Fig. 2.10. Recorte del diario "La Prensa Austral" de Punta Arenas(12 de julio de 1993) .

El gobernador Sampaio

Francisco Sampaio Guzmán nació en Concepción en 1836, y era hijo del comerciante portugués Francisco Sampaio y de la chilena Rosario Guzmán. Se educó en el colegio de los Padres Franceses en Valparaíso.

Fue relegado a Magallanes en 1858 por sus ideas revolucionarias, siendo embarcado junto con otros jóvenes en el velero *Olga*, pero a medio camino los futuros confinados políticos se sublevaron, obligando al capitán a cambiar de rumbo y llegar al Callao, donde pidieron asilo. Se estableció en Lima, donde contrajo matrimonio con Rosa Vega. Habiendo sido indultado, y a pesar de no tener mayor apremio personal en regresar a Chile, lo hizo en 1879 al estallar la guerra contra Bolivia y el Perú.

En 1880 el presidente Aníbal Pinto lo nombró Gobernador del Territorio de Magallanes, gracias a los oficios del Ministro de Hacienda Domingo Santa María -también

---

[177] Archivos familia Vicente.
[178] Diario "La Prensa Austral", 12 de julio de 1993.

liberal-, amigo de Sampaio y quien sucedería a Pinto en la Presidencia de la República. El cargo lo ejerció durante nueve años, hasta 1889[179]. Siempre fiel al liberalismo, era hombre ilustrado y de profundas convicciones democráticas (Fig. 2.11).

Fig. 2.11. El gobernador Francisco Sampaio y su familia.

Sus dos primeros hijos varones fueron de las primeras generaciones del liceo San José, cuando aún se llamaba *Instituto Comercial San José*. Uno de ellos, sufriendo las consecuencias del fervor patriótico de su padre, se llamaba *Arturo Prat Sampaio Vega*[180].

Hizo que su gobernación pusiese especial énfasis en las obras públicas. Se destacó en la mejoría de la infraestructura portuaria, considerando que mes a mes aumentaba la recalada de navíos. Se construyó el célebre *muelle verde*, destinado a embarque y desembarque de pasajeros, contratando para ello al ingeniero John Shertzer y al técnico mecánico Alfred Scott. Resultó un muelle de doscientos metros de longitud, de construcción sólida, y que fuera el orgullo de la pequeña ciudad, manteniéndose en funciones durante cincuenta años (Fig. 2.12)[181]. Introdujo mejoras a las calles de la ciudad, y también favoreció y apoyó la construcción de la línea férrea que la atravesaba y que conectaba la mina Loreto con su muelle.

Estimuló la colonización del territorio, especialmente extranjera, con campañas de promoción de la inmigración. Se publicitaba la entrega de hijuelas, herramientas, animales, y como una de las atracciones… ¡la benignidad del clima! Informaba Sampaio al Supremo Gobierno en 1883: *La temperatura es regularmente benigna y tan sana, que son del todo desconocidas las enfermedades epidémicas, y sin que hasta la fecha se haya notado ninguna contagiosa*[182].

---

[179] C. Henríquez S., A. Vivar M., R. Pérez G. *Museo de Valparaíso… sus inicios*. DIBAM.
[180] Liceo San José. *Nuestra historia*.
[181] Municipalidad de Punta Arenas. *Francisco Sampaio*.
[182] C. Chamorro (1936). *BAJO EL CIELO AUSTRAL*. Pág. 86.

Fig. 2.12. Muelle de pasajeros o "Muelle Verde", construido durante la gobernación de Sampaio. Fuente: Grupo Facebook "Punta Arenas de Antaño".

A comienzos de los años de 1880 comenzaba en Magallanes la instalación de las grandes estancias de ganado ovino, con extensiones inimaginables para un portugués que no hubiese salido de Europa. El Estado concesionaba terrenos a quien presentara proyectos de explotación, en general sin mayores objeciones. La autoridad, tanto en los comienzos de la expansión ganadera, bajo el gobierno de Sampaio, o más tarde en su pleno florecimiento, poco y nada hacía por proteger a los primitivos habitantes del territorio[183]. Los animales y la tecnología de crianza provenían de las islas Malvinas[184]. Las tierras, sin embargo, seguían siendo de propiedad fiscal, con cierto grado de indefinición si a títulos de préstamo o de arrendamiento. No estaban claras las políticas gubernamentales al respecto, y dependían más bien de las interpretaciones que les diesen las autoridades coloniales. Así las cosas, los nóveles ganaderos, o ganaderos en ciernes, y con el fin de asegurar sus inversiones en las infraestructuras propias del ramo, comenzaron a presionar para conseguir comprar los terrenos en que estaban, algunos instalados y otros proyectándose para hacerlo.

Y aquí es donde toparon con el chileno-portugués gobernador Francisco Sampaio, quien, fiel a sus principios liberales, se oponía porfiadamente a la venta de tierras que estimaba eran propiedad inalienable del Estado. No obstante las influencias políticas y presentaciones efectuadas por los interesados -a quienes Sampaio tildaba de *conspiradores*- ante el Supremo Gobierno, éste terminó por apoyar al gobernador. Y pese a las malas relaciones con los ganaderos más acaudalados, las normas que se impusieron y los términos de los contratos de arrendamiento a muy largo plazo terminaron por satisfacerlos parcialmente, efectuando las grandes inversiones que se requería para la plena producción ganadera.

En 1885 informaba Sampaio al Gobierno:

183 M. Martinic B. (1979). *La política indígena bajo los gobernadores de Magallanes 1843 - 1910*.
184 M. Martinic B. [1992]. Tomo III. Págs. 664 y siguientes (2006).

Bien se deja ver el vuelo que toma esta rica industria si se considera que en poco más de tres años se ha alcanzado una cifra nada despreciable que, tomada como base de futuras negociaciones, bastaría acumular su reproducción para que en el período de cinco o seis años pueda proveer abundantemente los mercados de Inglaterra[185].

Decía el historiador Alberto Fagalde:

El señor Sampaio fué un impulsador activo e intelijente del territorio de Magallanes durante los años que lo gobernó; fué un celoso cautelador de los valiosos intereses que se habian puesto bajo su custodia y supo armonizar esos intereses con el progreso y desarrollo de la colonizacion y de la industria. El mejoró todos los servicios administrativos y propuso una série de medidas que, desgraciadamente, no tuvieron aceptacion en el Gobierno por el desconocimiento en que se han hallado casi todos nuestros gobernantes acerca de la rejion magallánica. Al señor Sampaio le cabe el alto honor de haber desempeñado aquellas funciones con honradez y tino, echando así las bases de la administracion chilena en las condiciones mas ventajosas para el desarrollo y progreso de Magallanes[186].

Afirmaba Lautaro Navarro en su censo:

Se comprende que la venta de las tierras en aquella lejana época habria sido un negocio desastroso para el erario público. Con el sistema de arrendamiento de las tierras la ganadería prosperó, lo que está probado con las grandes fortunas que se formaron, de manera que no fue aquella una causa de estagnacion. (...) Efectivamente que la colonia de Punta Arenas no prosperó mucho durante la administracion del señor Sampaio, debido en buena parte a que la República entera i el Gobierno estuvieron preocupados de las campañas del norte durante algunos años de aquellas. Por otra parte, no contaba la Gobernación con fondos para atender a servicios propiamente municipales. (...) Si hubo algunos descontentos con su administración, todos le reconocerán sus méritos sociales, así como de su familia[187].
(...)
En el año 1886 la casa de la Gobernacion i residencia particular del Gobernador don Francisco R, Sampaio estaba ubicada (...) en la esquina nor-este en la interseccion de las calles de Magallanes i Valdivia (...). En la media noche del 29 a 30 de noviembre estalló en aquella casa un incendio i en pocos minutos quedó reducida a un monton de humeantes escombros. La casa era de un solo piso, mui baja, de madera y techo de zinc galvanizado. No solo se destruyó todo el edificio, sino el mobiliario, i lo que fué más

---

[185] Oficio de 5 de enero de 1885, archivo Ministerio de Relaciones Exteriores. Citado por M. Martinic B. en Ibíd.

[186] A. Fagalde (1901). *MAGALLANES EL PAÍS DEL PORVENIR*. Pág. 356.

[187] L. Navarro (1908). Págs. 334 - 336.

sensible, el archivo completo de la Gobernacion en el que habia valiosos documentos para escribir despues la historia de aquellos primeros años de la Colonia de Magallanes[188].

Francisco Sampaio Guzmán falleció el 1 de febrero de 1894, cinco años después de haber cesado en su cargo como Gobernador del Territorio de Magallanes. Como homenaje a su persona y a su obra, en la ciudad de Punta Arenas existe la plaza Sampaio y, en Porvenir -fundado oficialmente en 1894-, una de sus calles principales se llama *Francisco Sampaio*. En el sector más meridional del Cabo Froward, donde comienza el continente americano, se encuentra la *Punta Sampaio*, y en el sector noreste de la isla Hoste, el *Monte Sampaio*.

Con el devenir de los años, y cuando Sampaio ya había hecho abandono de Magallanes, las cosas cambiaron, las tierras se remataron y los más poderosos, ya sea en forma individual o a través de grandes consorcios, se hicieron de la propiedad de la mayoría de las tierras ovejeras.

Pero eso es harina de otro costal.

Segunda inmigración

El consulado de Portugal tenía un registro de los ciudadanos en el que éstos se inscribían, consignándose fechas de llegada y de inscripción, sus edades, estados civiles, señas físicas, lugar de origen, y otros datos que se puede apreciar a continuación:

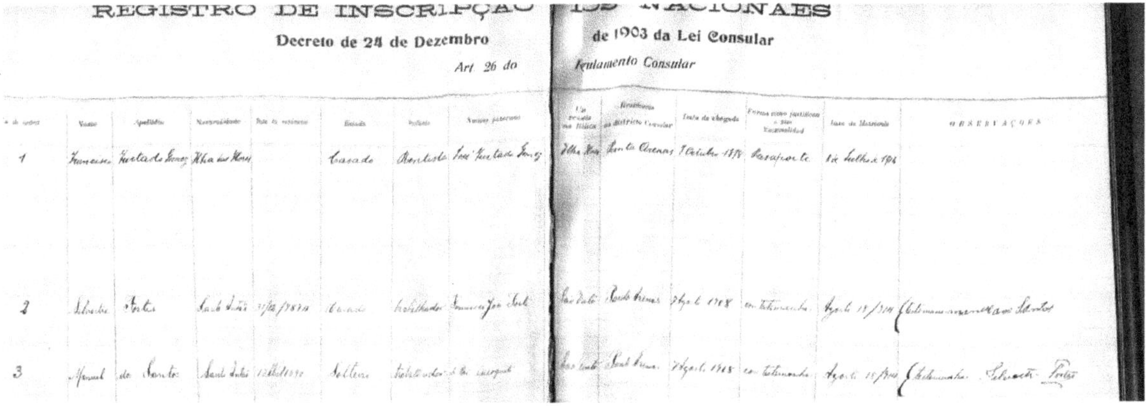

Fig. 2.13. Registro de ciudadanos portugueses del consulado de Portugal en Punta Arenas. Cortesía familia Vicente Blocker.

El 8 de julio de 1914 se inscribía el primero, correspondiente a Francisco Furtado Gomes (Fig. 2.13), natural de Ilha das Flores[189], archipiélago de Açores, 54 años, casado, estatura regular, pelo negro, ojos pardos, boca *rigular* [sic],cara blanca, *calva la parte*

---

[188] Ibíd. Pág. 18.
[189] Según afirma su bisnieta, venía de Horta, ciudad ubicada en la isla Faiel. María Angélica Dollenz (1919).

superior de la cabeza, rentista, era hijo de José Furtado Gomes, y había llegado a Magallanes el 7 de octubre de 1878. El 18 de agosto de 1914 lo hacían 3 naturales de la isla de Santo Antão del archipiélago de Cabo Verde: Silvestre Fortes, 40 años, casado, alto, pelo crespo, ojos castaños, boca regular, cara morena, oscura, señas particulares *não ha*, nacido el 31 de diciembre de 1878, era hijo de Francisco José Fortes, era obrero y había llegado a Magallanes el 7 de agosto de 1908[190]; Manuel dos Santos Santos, 24 años, soltero, estatura regular, pelo crespo, ojos negros, boca regular, cara chata, *uma cicatriz no pescoço lado direito,* nacido el 13 de abril de 1890, era obrero, de padre desconocido y llegado a Magallanes el 7 de agosto de 1908; Domingos Rodrigues, 40 años, casado, alto, crespo, ojos castaños, boca grande, cara chata, nacido en 1874, marinero, hijo de José Matheus, arribado el 10 de febrero de 1887. También de Cabo Verde pero de la Ilha Brava, se inscribían otros tres el 23 de septiembre de 1914: António da Pina, 42 años, casado, 1 m 68 cm, pelo crespo negro, ojos pardos, boca regular, cara redonda, nacido en 1872, marinero, hijo de Thofilo da Pina, arribado el 11 de enero de 1888; Francisco Fontes, 37 años, soltero, estatura regular, pelo crespo negro, ojos negros, boca grande, cara morena, nacido el 4 de octubre de 1877, marinero, hijo de Manuel Fontes, arribado el 4 de enero de 1893; y Albano José dos Santos, 37 años, casado, 1 m 67 cm, pelo negro, ojos pardos, boca regular, nacido en 1877, marinero, hijo de José dos Santos Cabral, llegado el 28 de junio de 1898. El 26 de noviembre de ese mismo año se inscribía Eduardo Rendoll Tavares, natural de la isla de São Thiago de Cabo Verde, 25 años, soltero, estatura regular, pelo castaño, ojos castaños, boca regular, cara regular, *mão direita um dedo tezo*, nacido el 13 de octubre 1889, maquinista, padre desconocido, llegado el 8 de octubre de 1907.

Fig. 2.14. José Vicente Rita en su juventud, aún en Portugal. Cortesía de familia Vicente Blocker.

---

[190] Domiciliado en calle Arauco 350.

El 9 de septiembre de 1915 se inscribía Manuel Almeida, proveniente de São Nicolau, 52 años, casado, estatura regular, pelo negro, ojos castaños, cara morena, nacido el 25 de diciembre de 1863, marinero, hijo de Julia Roza y padre desconocido, llegado el 16 de junio de 1895. El 28 de octubre de 1915 se inscribía José Vicente (Fig. 2.14), proveniente de Coimbra, provincia de Beira Alta, 35 años, casado, 1 m 71 cm, pelo castaño, ojos castaños, boca regular, cara clara, una cicatriz oscura en el dorso de la mano izquierda, nacido el 26 de noviembre de 1880, empleado, hijo de José Vicente, llegado el 23 de febrero de 1904. El 8 de noviembre de 1915 se inscribía Manuel Alves Brazil, natural de la isla de São Jorge del archipiélago de las Açores, 49 años, casado, estatura regular, pelo negro, ojos castaños, boca regular, cara blanca, nacido el 27 de enero de 1866, comerciante, hijo de João Alves Brazil, llegado el 5 de septiembre de 1888. El 13 de septiembre de 1916 se inscribió José Manuel Francisco, natural de Santo Antão, 23 años, soltero, estatura regular, pelo crespo, ojos castaños, boca gruesa, cara oscura, dos cicatrices, una en la frente, otra al lado del ojo izquierdo, nacido el 28 de mayo de 1893, obrero, hijo de Manuel António Francisco, y arribado el 12 de junio de 1911. El 1 de octubre de 1918 se inscribía António José da Luz, de 50 años, casado, estatura regular, pelo crespo gris, ojos castaños, boca regular, cara oblicua, un ojo artificial, nacido en diciembre de 1877, fogonero, hijo de José António da Luz, y llegado el 17 de noviembre de 1903. El 11 de octubre de 1918 se inscribía Joaquim Sousa, natural de Santo Antão, 34 años, soltero, estatura regular, pelo crespo, ojos castaños, boca regular, cara morena, una cicatriz al lado izquierdo de la frente, nacido el 14 de abril de 1884, obrero, hijo de António João Sousa, y llegado el 16 de enero de 1911. El 22 de octubre de 1919 se inscribía Jacinto Silva, 45 años, casado, estatura baja, pelo gris, ojos negros, boca chica, cara regular, nacido el 11 de septiembre de 1874, marinero, hijo de Bernardino da Silva y Clementina da Rosa, y llegado en 1887[191]. El 12 de noviembre de 1919 se inscribía Cesario Horta, natural de São Thiago, 33 años, soltero, 1 m 77 cm, pelo negro, ojos negros, boca gruesa, cara ovalada, una cicatriz en la mano derecha. El 8 de enero de 1920 se inscribía la primera mujer del registro, doña Cristina Baptista de Barrientos, hija natural de Rocio d'Abrantes, 37 años, casada, 1 m 61 cm, pelo castaño, ojos pardos, boca chica, cara ovalada. El 8 de febrero de 1920 se inscribía Manuel da Silva Campos, natural de Ferreiroz, Porto, 27 años, casado, estatura regular, pelo negro, ojos castaños, boca regular, cara regular, blanco, nacido el 28 de enero de 1893, carpintero, hijo de Delfin da Silva Campos, y arribado en junio de 1911. El 20 de Julio de 1920 se inscribía Arthur de Jesus Pires, natural de Talhas, Bragança, 36 años, soltero, 1 m 60 cm, pelo castaño, ojos castaños, boca regular, cara natural, cicatriz sobre el labio superior y falta del dedo chico en la mano derecha, nacido en 1884, fundidor, hijo de Francisco António Pires y Amália Rosas, y arribado el 29 de agosto de 1912. El 25 de agosto de 1920 se inscribía João Lopes Pereira, natural de Ilha Brava, 40 años, casado, alto, pelo castaño, ojos castaños, boca regular, cara regular, cicatriz a lo largo de la primera falange del segundo dedo, mano izquierda, y cicatriz en la mano derecha, nacido en 1880, ovejero, hijo de Christiano José

Lopes y Maria Pereira, y llegado en 1906[192]. Ese mismo día se inscribía António Linamento, de Santo Antão, 26 años, soltero, estatura regular, pelo negro crespo, ojos negros, boca regular, cara regular, cicatriz de quemadura en el antebrazo izquierdo, nacido en 1894, fogonero, hijo de Maria Linamento Brito y padre desconocido, y llegado el 17 de noviembre de 1913[193]. El 6 de septiembre de 1920 se registraban, de Ilha Brava, Pedro Barro Marques, 32 años, soltero, estatura regular, pelo negro crespo, ojos negros, boca regular, cara morena, oscura, *le falta el antebrazo derecho*, nacido en 1888, marinero, hijo de Julio Conto Barro y Dominga Marques, y llegado en 1899[194] y António de Pina, 48 años, casado, estatura regular, pelo blanco crespo, ojos claros, boca regular, cara larga, blanca[195]. El 24 de septiembre de 1920 se inscribía Jacinto Silva, natural de Ilha Brava, 46 años, casado, estatura baja, pelo gris, ojos negros, boca chica, cara regular. El 10 de febrero de 1921 se inscribía António Moreira Figueiro, natural de Ilha Santa Maria del archipiélago de Açores, 50 años, soltero, 1 m 58 cm, pelo negro, ojos castaños, boca regular, cara redonda, *cicatrices en el pescuezo lado derecho*, nacido en 1891, marinero, hijo de João Moreira y Antónia Jacinta Figueiro, y arribado en 1884. El 22 de diciembre de 1921 se inscribía de paso y para trabajar en el frigorífico de Puerto Bories, Manuel dos Santos, natural de Santo Antão, 21 años, soltero, estatura regular, pelo crespo, negros, boca regular, cara ancha, cicatriz en la mandíbula inferior derecha. El 4 de enero de 1922 se inscribía António da Luz, natural de la Ilha São Vicente de Cabo Verde, 25 años, casado, estatura regular, pelo crespo negro, ojos negros, boca grande, cara morena, nacido en 1886, cocinero, hijo de António Delgado y Martina da Luz, y arribado en 1912. El 9 de diciembre de 1920 se inscribían los hermanos José Luis (Fig. 2.15) y Maria José dos Santos Souza, naturales de la Ilha de São Miguel de las Açores, arribados el 9 de mayo de 1896, él 40 años, casado, nacido en 1882, estatura regular, pelo negro, ojos castaños, boca regular, cara morena, lunar en el extremo izquierdo del labio inferior, nacido en 1882, empleado, y ella soltera, profesora de labores, nacida el 18 de septiembre de 1880, hijos de José Luis y Antónia Jesus de Souza[196]. El 24 de enero de 1922 se inscribía João de Souza Bettencourt, natural de la Ilha Graciosa del archipélago de Açores, 62 años, casado, 1 m 82 cm, pelo gris, ojos castaños, boca regular, cara morena, nacido en 1860, marinero, hijo de João José da Cunha y Maria Joaquina de Bettencourt, arribado en 1888[197]. El 2 de febrero de 1922 se inscribía Francisco de Paula Lima, natural de Santo Antão, 22 años, soltero, 1 m 62 cm, pelo crespo negro, ojos castaños, boca grande, cara morena, oscura, cicatriz en el labio superior. El 31 de octubre de 1922 se inscribía Luis Sousa Sousa, de Santo Antão, 34 años, soltero, 1 m 70 cm, pelo negro, crespo, ojos negros, boca chica, cara ovalada. La tercera mujer de este registro se inscribía el 14 de noviembre de 1922: se trata de Angelina Vicente Rita viuda de Antunes (Fig. 2.15),

---

[192] Domiciliado en calle Chiloé entre Progreso (actual Croacia) y Mejicana.

[193] Domiciliado en calle Talca (actual Armando Sanhueza) 1136.

[194] Ibíd.

[195] Domiciliado en calle Balmaceda 355.

[196] Domiciliados en Av. Libertad (actual España) 1460.

[197] Domiciliado en calle Paraguaya 762.

natural de Oliveira do Hospital, Coimbra, 33 años, 1 m 60 cm, pelo castaño, ojos cafés, boca regular, cara ovalada, nacida el 4 de abril de 1889, labores del sexo, hija de José Vicente y Carolina Rita, llegó en 1915. Al día siguiente se inscribía su hermana Maria de Conceição Vicente Rita, de la misma localidad, 31 años, soltera, 1 m 64 cm, pelo negro, ojos negros, boca regular, cara larga, nacida el 8 de octubre de 1891, labores del sexo, y llegada en 1913.

Fig. 2.15. Cédula de identidad de José Luis dos Santos Souza, emitido en 1934. Cortesía de su nieta Sra. Josefa dos Santos Ruiz.

El 24 de enero de 1922 se inscribía João de Souza Bettencourt, natural de la Ilha Graciosa del archipélago de Açores, 62 años, casado, 1 m 82 cm, pelo gris, ojos castaños, boca regular, cara morena, nacido en 1860, marinero, hijo de João José da Cunha y Maria Joaquina de Bettencourt, arribado en 1888[198]. El 2 de febrero de 1922 se inscribía Francisco de Paula Lima, natural de Santo Antão, 22 años, soltero, 1 m 62 cm, pelo crespo negro, ojos castaños, boca grande, cara morena, oscura, cicatriz en el labio superior. El 31 de octubre de 1922 se inscribía Luis Sousa Sousa, de Santo Antão, 34 años, soltero, 1 m 70 cm, pelo negro, crespo, ojos negros, boca chica, cara ovalada. La tercera mujer de este registro se inscribía el 14 de noviembre de 1922: se trata de Angelina Vicente Rita viuda de Antunes (Fig. 2.16), natural de Oliveira do Hospital, Coimbra, 33 años, 1 m 60 cm, pelo castaño, ojos cafés, boca regular, cara ovalada, nacida el 4 de abril de 1889, labores del sexo, hija de José Vicente y Carolina Rita, llegó en 1915. Al día siguiente se inscribía su hermana Maria de Conceição Vicente Rita, de la misma localidad, 31 años, soltera, 1 m 64 cm, pelo negro, ojos negros, boca regular, cara larga, nacida el 8 de octubre de 1891, labores del sexo, y llegada en 1913.El 20 de marzo de 1923 se inscribía, con pasaporte argentino y en tránsito, Alfonso dos Santos, natural de São Vicente, soltero, nacido el 16 de junio de 1892, empleado, hijo de Maximiano Alfonso y Clara dos Santos. El 3 de abril de 1923 se inscribía Pedro Duarte Neves, oriundo de la Ilha de São Vicente de Cabo Verde, 33 años,

---

[198] Domiciliado en calle Paraguaya 762.

casado, 1 m 84 cm, pelo negro, crespo, ojos pardos, boca gruesa, cara ovalada, morena, cicatriz en la nariz y en el pulgar derecho, nacido el 31 de julio de 1890, cocinero, hijo de Pedro António Duarte, y Margarita Neves, y llegado en 1923[199].

Fig. 2.16. Angelina Vicente Rita, en foto de 1904. Cortesía familia Vicente Blocker.

El 18 de enero de 1924 se inscribía Ricardo Gonçalves, natural de Ilha São Nicolau de Cabo Verde, 45 años, soltero, 1 m 68 cm, pelo canoso crespo, ojos negros pardos, boca grande, cara ovalada, nacido el 11 de septiembre de 1869, marinero, hijo de António Ricardo Gonçalves y Maria Felipa Gomes, y arribado en 1904[200]. El 17 de junio de 1924 se inscribía António Santa Ana, natural de São Vicente, 34 años, soltero, 1 m 63 cm, pelo negro, ojos pardos, boca regular, cara morena, cortado el dedo índice de la mano izquierda, nacido el 22 de agosto de 1892, jornalero, hijo de Jose Santa Ana y Maria da Luz Gomes, y arribado en 1906. El 8 de enero de 1925 se inscribía João Fernandes Carvalho, de Ilha Brava, 41 años, casado, 1 m 61 cm, pelo negro, ojos pardos, boca regular, cara redonda, nacido el 4 de mayo de 1883, mecánico, hijo de Manuel Fernandes y Maria Justina Carvalho, llegó en 1906. El 12 de abril de 1926 se inscribía António Roberto dos Santos (Fig. 2.17), natural de Ilha das Flores, 18 años, soltero, 1 m 70 cm, pelo castaño, ojos pardos, boca mediana, cara ovalada, nacido el 1 de noviembre de 1907, mecánico, hijo de António Roberto dos Santos y de Filomena de Jesus, llegó en 1926. El 5 de abril de 1927 se inscribía Eusebio Fortes Lima, natural de Santo Antão o São Vicente[201], 37 años, casado, 1 m 70 cm, pelo negro, ojos pardos, boca regular, cara redonda, nacido el 15 de diciembre de 1890, esquilador, hijo de Manuel Fortes y de Maria Lima, arribado en 1911 y residente en

---

[199] Domiciliado en calle Bories 546.

[200] Domiciliado en calle Balmaceda 564.

[201] Hay una discordancia entre el libro de registro de nacionales y la colilla de inscripción.

Puerto Natales. El 27 de abril de 1928 se inscribía Manuel Almeida Rosas, proveniente de Santo Antão, nacido en 1866, casado, jornalero, hijo de (ilegible) Almeida y Julia Rosas, arribado en 1880 y residente en Puerto Natales[202].

Fig. 2.17. António dos Santos Gomes. Cortesía familia dos Santos Aprá.

El 2 de julio de 1929 se inscribía Manuel Caminho Silva, natural de Ilhas Madeiras, nacido en 1890, soltero, mecánico, hijo de António Caminho y Maria Alves da Silva, llegado en 1909. El 3 de julio de 1929 se inscribía Miguel Lopes Rufina, de São Vicente, nacido en 1897, soltero, marinero, hijo de João Lopes y Maria, y llegado en 1911. El 14 de octubre de 1929 se inscribía la quinta mujer: Maria Antunes Vicente (Fig. 2.18), natural de Beira Alta, nacida en 1907, 22 años, 1 m 65 cm, pelo castaño, ojos pardos, boca regular, cara redonda, soltera, labores del sexo, hija de Manuel Antunes y Angelina Vicente, y arribada en 1915. El 11 de junio de 1931 se inscribía Francisco Robles Lima, natural de Cabo Verde, nacido en 1906, soltero, jornalero, hijo de Carlos Robles y Rosa Lima, arribado en 1917. El 27 de septiembre de 1931 se inscribía José Gomes, natural de Ilha do Fogo, nacido el 10 de agosto de 1871, casado, jornalero, hijo de Pedro Gomes y Maria Alves, arribado el 20 de junio de 1901. El 18 de junio de 1934 se inscribía Manuel Pires Pires, natural de São Vicente, nacido el 10 de enero de 1898, casado, agricultor, hijo de Jacinto Pires y Mariana Pires, había llegado en junio de 1909. La última inscrita en este registro, el 4 de noviembre de 1953, y la sexta mujer de un total de 47 portugueses, resultó ser Amélia de Jesus Diegues Rodrigues, natural de Vilarinho, nacida el 29 de septiembre de 1901, soltera,

---

[202] Sus datos son sospechosamente similares a los de un Manuel Almeida que ya se había inscrito en 1915, pero con otras fechas de nacimiento y de llegada a Magallanes. Podría tratarse de una inscripción fraudulenta.

labores del hogar, hija de Claudio José Diegues y Maria Candida Rodrigues, residía en Porvenir, arribada en 1910.

Fig. 2.18. María Antunes Vicente a los 19 años (1926). Cortesía de familia Vicente Blocker.

Es de notar que durante los primeros seis años en que se llevaron estos registros, se anotaba el nombre del inmigrante y en general solamente el nombre de su padre. Muy excepcionalmente aparecen los de las madres. A contar de 1920 se anotan los nombres de ambos progenitores. En la práctica, estos detallados y exhaustivos registros consulares[203] se llevaron a cabo entre 1914 y 1934. La última inscrita no cumple la tendencia del listado anterior, y parece haber sido anotada con mucha posteridad al cierre del libro. Aparte de ella, había 46 portugueses en el registro, arribados entre 1878 y 1926. Este listado es una imbricación entre los portugueses que arribaron en la primera inmigración, a la sombra de José Nogueira, y los que llegaron más tarde. Es así como algunos de sus nombres como otros datos personales que complementan la información se podrán encontrar también entre los lusitanos iniciales como en la relación que detallo más adelante.

Al arribo de José Nogueira todavía no existían estos cuadernos consulares en Punta Arenas, pero éste ya había sido inscrito en el viceconsulado correspondiente del Callao con el número 33 de 1865, como *marinero, 20 años, estatura regular, blanco, cabello liso, cara redonda, frente regular, ojos castaños, nariz larga, boca regular, barba sin pelos, nacido en Porto, soltero, padre, António Nogueira, madre, Maria dos Santos*[204]. Hacia 1945 los ciudadanos portugueses residentes en el territorio de Magallanes, y según listado confeccionado por José Vicente Rita, eran 25:

---

203 Cortesía familia Vicente Blocker.
204 M. Bello (2020). Pág. 46.

António dos Santos, 37 años, casado, mecánico, instrucción primaria; Maria Antunes de Morgan, 37 años, casada, labores de casa, instrucción primaria; Reinaldo Dies G., 34 años, casado, comerciante, instrucción primaria[205]; Miguel Lopes, 48 años, casado, pescador, sabe leer; Tomas Junior Lima, 47 años, casado, mecánico, instrucción primaria; Conceição Vicente R., 52 años, soltera, labores de casa, sabe leer y escribir; Angelina Vicente R., 54 años, casada, labores de casa, sabe leer y escribir; Maria dos Santos, 65 años, soltera, labores de casa, instrucción primaria; Maria Sousa Gomes, 76 años, viuda, labores de casa, sabe leer; Manuel Caminho, 51 años, soltero, carpintero, sabe leer; Manuel Campos, 54 años, casado, carpintero, sabe leer; Arthur Pires, 52 años, casado, mecánico, no sabe leer; José Vicente R., 65 años, viudo, empleado, instrucción primaria; José dos Santos, 64 años, casado, mecánico, no sabe leer; Manuel Pires, 70 años, casado, obrero, sabe leer; João Lopes, 65 años, casado, obrero, sabe leer; Silvestre Fortes, 72 años, mecánico, instrucción primaria; Luis Sousa, 57 años, soltero, empleado, instrucción primaria; Alexandre Lopes, 57 años, casado, marinero, sabe leer; Albano dos Santos, 67 años, casado, marinero, sabe leer; Alexandre Soares, 53 años, soltero, comerciante, sabe leer; Alexandre Gonçalves, 57 años, soltero, cocinero, sabe leer; Eusebio Santos, 55 años, casado, jornalero, no sabe leer; Manuel Lopes, 52 años, soltero, jornalero, no sabe leer; Manuel dos Santos, 58 años, soltero, empleado, sabe leer[206].

Llama la atención la bajísima escolaridad en este grupo, cuyos integrantes eran todos nacidos en Portugal o en territorio portugués. Da cuenta, sin duda, del modesto origen de quienes emigraban de la patria lusitana.

Sería comprensible que algún lector encontrara que estas nóminas le sean tediosas y sin interés. Por si faltara, algunas páginas más adelante se encontrarán los nombres de los integrantes de la Sociedad de Beneficencia Portuguesa. Los he incluido, sin embargo, con el mayor detalle que he podido rescatar, con el fin principal de que sus descendientes -si los hay- encuentren allí a sus mayores, complementando los recuerdos familiares con datos que tal vez les resulten desconocidos y sorprendentes.

Los portugueses malos

José Lobo Oliveira, como se ha señalado en páginas anteriores, fue un marinero que llegó en 1883, en la primera inmigración portuguesa. Al momento de los hechos que se relatan a continuación, había abandonado las singladuras y se empleaba como carretonero y despachador de bebidas alcohólicas.

A continuación lo que dijo "El Magallanes":

---

[205] Más antecedentes sobre este portugués en el capítulo "La memoria familiar", en lo referente a la familia Dies González.
[206] Archivos familia Vicente Blocker.

Asesinato alevoso. Punta Arenas, tan tranquilo de ordinario, ha sido testigo el mártes pasado de una de esas escenas de sangre que causan horror por sí mismas i por la rapidez con que se desarrollan.

A las 11.30 A. M. en la casa de Julio Montero, 1 ½ cuadras para arriba de la plaza, se hallaban almorzando tranquilamente el dueño de la casa, Benito Cardoso[207], Maria Filomena Villapan, Milagro Villapan, Luisa Olse y Juana Pescador. De repente se abre la puerta de la habitacion y rápidamente penetra en ella José Lobo i cuchillo en mano se avalanza sobre Juana Pescador hundiéndole repetidas veces en el pecho el puñal. Juana Pescador se inclina i cae de la silla sobre un charco de sangre, muriendo un minuto despues. La escena fue tan rápida que se verificó en menos tiempo del que ocupamos en describirla. (...) Pasado el primer moento de estupor, Julio Montero corrió hacia el cuartel de policía a dar cuenta i pedir auxilio. Juan Lobo arrojó el cuchillo i lo siguió llegando a la cárcel a constituirse reo diciendo que había muerto a una mujer. (...) El Juez de Letras acudió inmediatamente (...) Un momento después estuvo tambien el médico de ciudad, trasladándose enseguida el cadáver a la casa del lazareto para verificar allí la autopsia médico-legal.

Juana Pescador nació en Ancud, tenía 25 años de edad (...) Cuatro años atrás se casó con Evaristo Gallardo teniendo un hijo de 3 años de edad. Hace un año la Pescador abandonó a su marido dejándole el hijo que tenían i entablando relaciones ilícitas con José Lobo, yéndose a vivir con él. Tuvieron un hijo, hoy de 2 i medio meses. Desde un mes atrás la Pescador dejó a Lobo i parece que no perdía ocasión de ofenderlo i hacerle burlas. El tierno hijo lo tenia a su cargo Lobo i estaban casualmente en pleito para decidir quién de ellos debería guardarlo.

José Lobo, conocido mas con el nombre de Jack Smoke, es portugues, de 30 años de edad, de sangre mestiza (blanco i negro), mui alto, regular grueso i hombre de muchas fuerzas. (...) Los antecedentes de Lobo no son mui buenos, habiendo tenido la policia que intervenir en repetidas ocasiones en sus asuntos. Es casado con Teresa Legues. (...). En el primer instante después de cometer su crimen, Lobo se manifestaba con cierta incoherencia en sus ideas, afirmando unas veces i negando otras el haberlo efectuado. Mas tarde lloraba i así lo vimos en el Juzgado. Ya ayer amaneció mas sereno[208].

No se sabe de la suerte del pequeño lactante, hijo común de Lobo y Juana Pescador. Sí se sabe del primer hijo de Juana, que había concebido con su primer marido, abandonado por ella, y quien al momento del crimen tenía 3 años, ya que poco más de dos años después aparecía en "El Magallanes" el siguiente relato:

En la tarde del jueves el Comisario de Policia, señor Alcérreca, ha encontrado por ahí una infeliz criatura, José Gallardo, de cinco a seis años de edad, en un estado de

---

[207] Secretario del primer directorio de la Sociedad de Beneficencia Portuguesa.
[208] Periódico "El Magallanes", 10 de septiembre de 1896.

abandono, de miseria i de enfermedad, que lo aterraron, viéndose obligado a dar cuenta a las autoridades administrativa i judicial para que tomaran las providencias del caso. Ese desgraciado niño simula una momia. Sus delgados huesos están revestidos solo por la piel. Se le encontró tendido sobre unos sacos, en un sitio desabrigado i rodeado de huesos roídos. Detalle horrible: la faltan los dedos de ambos piés, caidos por gangrena, ocasionada por el frio o por falta de vitalidad en ese organismo tan debilitado.

(...)

Para mayor vergüenza, el padre de ese niño ha sido guardian de la carcel i de la policia, hombres que deben ser modelo de moralidad i de buenos sentimientos. (...) Es hijo de Juana Pescador, que fué asesinada a puñaladas por el portugues José Lobo (álias Jack Smoke) como dos años atras i que ahora se encuentra en la Penitenciaria de Santiago. El padre, sin corazon, de esa criatura se encuentra preso i sometido a la accion de la justicia. (...) la justicia debe ser inexorable con esos hombres sin corazon y sin amor filiar [sic][209].

Entre los abominables genocidas de indígenas fueguinos a fines del siglo XIX destaca el tristemente célebre escocés Alexander McLennan, más conocido en su época como *Chancho Colorado*. Federico Echeuline[210] testimoniaba a la antropóloga Anne Chapman sobre los crímenes de McLennan y sus secuaces:

Mataban porque les convenía, porque les pagaban libra esterlina por cada cabeza y a la mujer les cortaban los senos, entonces les pagaban un poco más por la mujer; me parece: una libra y media o algo así. (...) Yo conocí a varios matadores de indios; ya murieron todos están muertos. (...) Uno era José Díaz, algo de portugués por ahí[211].

No figura este José Díaz , o probablemente *José Dias*, entre mis registros. No sería, en todo caso, de extrañar que uno o más lusitanos haya participado en estas partidas de cacería de indígenas, las que estaban integradas en su mayoría por inmigrantes británicos, croatas, portugueses y españoles[212].

Otro José, un tal José Méndez, que tampoco encuentro entre mis apuntes, figura como uno de los imputados en los juicios que se entablaron en los tribunales de Punta Arenas a comienzos del siglo XX por los vejámenes inferidos a los aborígenes kawéskar, que no fueron pocos. Si lo que se ventiló en esas instancias fue verdad, y si Méndez era realmente un portugués, éste habría sido, entre los malos, un emblema. Extracto a continuación algunos párrafos de lo escrito por Alberto Harambour y José Barrena, quienes hicieron una acuciosa investigación sobre el tema, aunque dejando entrever que, si bien el

---

[209] Periódico "El Magallanes", 29 de enero de 1899.
[210] De padre noruego y madre sélknam.
[211] A. Chapman. Documental fílmico *Los Onas*.
[212] C. Marín (2019). *HUESOS SIN DESCANSO. Págs. 177 y 178.*

portugués ciertamente era culpable, el juzgado tomó en consideración su color de piel más que la presentación de las pruebas, que no las hubo[213]:

A las declaraciones de los marineros del Ligure siguieron las de los tripulantes del cúter Volo (...). Clodomiro Rojas, melipillano analfabeto de 33 años, declaró haber desembarcado junto con el portugués José Méndez, a cargar agua y a cazar. Que Méndez llevaba la escopeta y se había internado en la isla; que luego escuchó dos tiros; que regresó y "no viéndole nada, no quise preguntarle". (...) Éste, de 21 años, principió su declaración de igual manera pero contaba que, tras separarse de Rojas, encontró al "indio Antonio con cuchillo", quien lo atacó; que al huir se encontró con un "indio chico" que agitaba un hacha, y "conociendo que era un indio malo huyó [...] disparando al aire". Los acusados Méndez y Rojas (...) quedaron en libertad.

El juzgado retomó los interrogatorios seis meses después, en una nueva recalada del Ligure. Su capitán, Forment, retornó en enero de 1913 de un viaje por la misma zona y precisó que al día siguiente de los hechos desembarcó para "ver al indio herido, pero ya se lo habían llevado sus compañeros". Ahora, casi un año después, había encontrado a su mujer (...). Ella le dijo que "Capitán Chico" murió por esos disparos. Forment declaró que ahora "estaba plenamente convencido de que Méndez i Rojas violaron a la india i que entonces el indio (...) quiso librar a su mujer, i entonces Méndez disparó" con "munición gruesa". Entonces se citó de nuevo a Ríspoli[214] (...) lo que escuchó era lo que se decía: "que allí se violaron a una india, mujer del indio Capitán Chico", quien "era un indio muy bueno y yo hacía cuatro años que lo conocía". (...) Domingo Santos ratificó que era un indio "mui bueno", y que lo conocía por trece años. (...) En septiembre de 1913 compareció nuevamente Ríspoli, quien también había encontrado a la mujer de Chico navegando, quien "dijo que su marido había sido muerto por cristianos". (...) "Méndez es un individuo de malos antecedentes i de mui mal carácter, pero en cambio Clodomiro Rojas es un hombre mui bueno".

Nuevamente pasaron seis meses, y comparecieron otra vez los marineros del Ligure. Un tal Peniche fue el primero. Dijo que con Cárdenas y Vera habían desembarcado a recoger erizos cuando encontraron el bote de Rojas y Méndez: "[...] vimos que estos dos agarraron a la india mujer del "Capitán Chico" i la violaron, primero el negro i después el chileno Rojas i en seguida entre los dos se la llevaron poco mas arriba; cada uno la tenía tomada de un brazo. Los indiecitos quedaron en la playa. El lugar donde se efectuó la violación primera, que nosotros vimos, está distante como cien metros de la playa"; [allí] "tuvieron a la india [...] como dos horas i allí siguieron yaciendo con ella".

Los testigos agregaron que el "Capitán Chico" se vino hacia nosotros i nos dijo 'mujer mía, cristianos malos se la han llevado'", y justificaron su no intervención por el "miedo de las consecuencias". Según Peniche, él le dijo: " 'anda a buscar a tu mujer' i

---

[213] A. Harambour y J. Barrena (2019). *Barbarie o justicia en la Patagonia occidental.*
[214] Capitán del *Volo.*

entonces él fué donde estaban Méndez y Rojas", pero el primero le salió al encuentro y le disparó dos veces. Chico "arrancó gritando i pasó cerca de nosotros siguiendo por la playa abajo i sus hijos se le juntaron i siguieron". (...) La última vez que vieron a Chico pasó con un brazo colgando y una gran mancha de sangre en el pecho, sangre que le corría hasta los pies. Manuel Vera ratificó estos dichos, agregando que "cuando esto ocurrió, Méndez nos dijo 'matar a un indio no es nada' i que además el indio llevaba un cuchillo".

(...)

Aun cuando la india nunca tuvo nombre ni hubo cuerpo del crimen, el Juez condenó a Rojas y a Méndez. El primero falleció durante el juicio, y el segundo, un "negro" portugués, fue sentenciado a diez años y dos días por las heridas contra Chico y contra otro marinero del Ligure (denuncia que se agregó a la causa), y a cinco años por violación. (...) fue de los pocos condenados que llegó a cumplir ocho años en la precaria cárcel de Punta Arenas: no se había incautado un arma ni se había encontrado un cuerpo; la mujer no había sido identificada ni había prestado declaración; no hubo autoridad militar, policial o judicial que se constituyera en el sitio de los presuntos sucesos. Y quizás más importante aún: no existía jurisprudencia que indicara que matar a un indio o violar a una india constituyese delito o, dicho de otra manera, que un indio o una india fueran sujetos de derecho. (...) La única persona que cumplió condena por violencia contra ellos en todo el ciclo inicial de la colonización fue un "negro portugués".

La Sociedad de Beneficencia Portuguesa

Por aquellos años de fines del siglo XIX y comienzos del XX no existían en Magallanes las instituciones previsionales, ni estatales ni privadas. Los enfermos y los ancianos imposibilitados o con dificultades para trabajar quedaban a su suerte si no había apoyo familiar para solventar sus gastos personales o médicos. Eran pocos los que contaban con ahorros o bienes que pudiesen servir de respaldo económico, llegado el caso de necesitarse.

Es por ello que un grupo de portugueses se reunió para fundar, el 14 de mayo de 1893, la *Sociedad de Beneficencia Portuguesa*, en la cual, mediante el pago de cuotas de sus socios, se iba acumulando un fondo para proveer o apoyar a los miembros en necesidad económica, beneficios que se extendían a las viudas[215] y los hijos de los fallecidos. Fue la primera de su tipo en Punta Arenas, las cuales llegaron a ser 28 durante la primera mitad del siglo XX, y a un año de su fundación ya contaba con 63 miembros. Su directorio fundacional de 1893 estaba constituido por Manuel Alves Brazil, presidente; Francisco Furtado Gomes Cuello y Manuel de Sousa, vicepresidentes; Benito Cardoso, secretario; Camilo Fuentes, Juan de Souza Bettencourt, Julio Montero, Enrique Claudio, Serafim

---

[215] La gran mayoría de los socios eran varones.

Araujo, Manuel Requeiros, Joaquim Gomes da Motta (Fig. 2.19), José dos Santos, Silvestre Ramos, Gonçalo Correia, Juan Rebuffo y Antonio Rebuffo, directores[216] (Fig. 2.20).

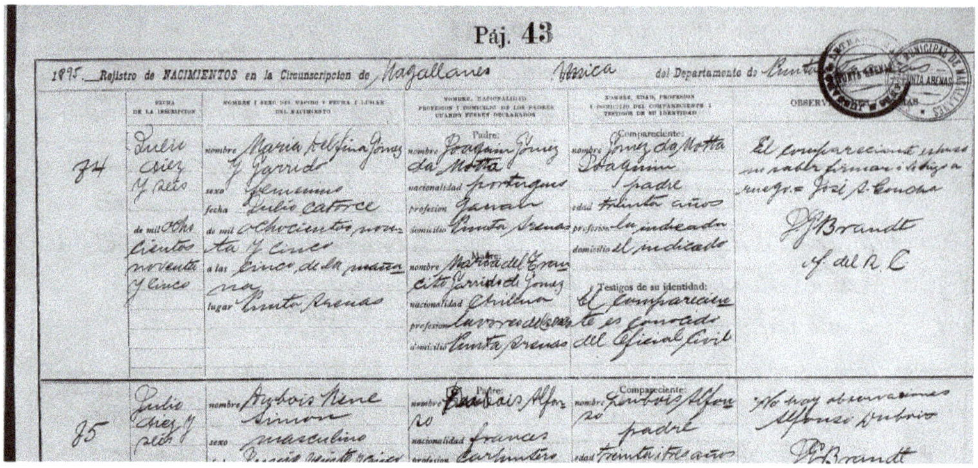

Fig. 2.19. Inscripción en el Registro Civil de María Delfina Gomes Garrido, hija recién nacida de Joaquin Gomes da Motta (1895). Cortesía Sra. Alicia Monsalves Colivoro.

Su segundo directorio estaba encabezado por Manuel Alves Brazil, presidente; Manuel Rejeiro, secretario, y João de Souza Bettencourt, tesorero. Según el balance de junio de ese año, la sociedad tenía entradas por $ 1.795,00 y los gastos habían sido de $ 972,35, por lo que quedaba un saldo a favor de $ 822,65[217].

Fig. 2..20. Socios fundadores de la Sociedad de Beneficencia Portuguesa.Cortesía Instituto de la Patagonia.

---

[216] M. A. Dollenz (2019).
[217] Periódico "El Magallanes", 17 de junio de 1894.

A esta sociedad se incorporaron portugueses que llegaron en distintos momentos de la corriente inmigratoria. No era imprescindible ser portugués, sin embargo, para integrarse a ella. En efecto, gran parte de sus miembros eran croatas y chilenos, amén de otras nacionalidades. Y entre los portugueses, no todos venían de la metrópoli, algunos de ellos provenían de Cabo Verde y otras colonias portuguesas en África. No es de extrañarse, entonces, que una buena proporción de ellos haya sido de raza negra[218], como era el caso de Benito Cardoso, Francisco Gomes, Camilo Fontes, Gonçalo Correia, Serafim Aráujo, José dos Santos, Silvestre Ramos y varios más, a juzgar por las descripciones de sus características físicas, encontradas en los archivos del consulado portugués[219].

El diario "El Comercio" relataba en mayo de 1901:

Anoche dejó de existir en esta ciudad el señor José Luis dos Santos, de nacionalidad brasilera, uno de los capitanes de la marina mercante más conocidos i antiguos en este territorio. (...) Muere a la edad de 44 años, no dejando ni deudos ni bienes de fortuna en ésta. La Sociedad Portuguesa, de la cual era miembro fundador, se ha hecho cargo de sus funerales[220].

No todo era manejos administrativos de fondos previsionales. También había espacio para la vida social, y no lo pasaban mal los portugueses, como se desprende la información de prensa en que se daba cuenta de la celebración del segundo aniversario:

Sociedad de Beneficencia Portuguesa.- La fiesta con que esta benemérita asociación de Socorros Mutuos celebró el 2° aniversario de su fundacion el 14 del corriente ha tenido un éxito lisonjero y dejará gratos recuerdos en sus miembros y demas asistentes. A las 9 p.m. despues de oído el himno nacional, el Presidente Sr. Brasil [sic] declaró abierta la fiesta leyendo un breve discurso alusivo al acto que fué contestado por el Vice-Presidente de la Sociedad Cosmopolita Sr. Córdova y por el señor Cónsul de Portugal, don Cárlos Heede.
En seguida la concurrencia pasó al salon muy bien adornado donde se encontraban las familias de los socios y se inició una animada tertulia y danzas que se prolongaron animadísimas hasta el amanecer del dia siguiente[221].

En esa misma fiesta se repartieron los estatutos de la sociedad Más adelante se instauró un sistema de directores de turno, los cuales debían estar disponibles para acudir en auxilio de los socios o de sus familiares enfermos, especialmente en lo concerniente a solventar sus gastos médicos (Fig. 2.21). Sus nombres se publicaban en avisos de prensa, y

---

[218] M. Martinic B. (2005).
[219] Consulado de Portugal en Punta Arenas. Colillas de inscripciones. Cortesía familia Vicente Blocker.
[220] Citado por P. Cruz N. (2019). Págs. 105 - 106.
[221] Periódico "El Magallanes", 19 de mayo de 1895.

durante ese primer año de funcionamiento se turnaban para cumplir esa misión los señores Juan Rebuffo, José Pereira, Simón Borich, José de Mello, Plácido Sepúlveda, José Rio y Julio Luis Montero; En 1896 se agregaban Carlos Cassuni, Mariano Vilus y Daniel Echeverría; en 1897 José Texeiro, Marcos Pivcevich y Francisco Gómez; en 1898 Claudio Caleste, Miguel Díaz, Enrique Claudio, Joaquín Gómez da Motta y Manuel J. Vásquez; en 1899 se agregaban, ya con turnos mensuales Juan Spanich y Juan S. Bettencourt; José Negreti, Elías Leglie, Francisco Furtado Gomes y Ánjel Calamara en 1900; y Fernando Ramírez en 1901[222].

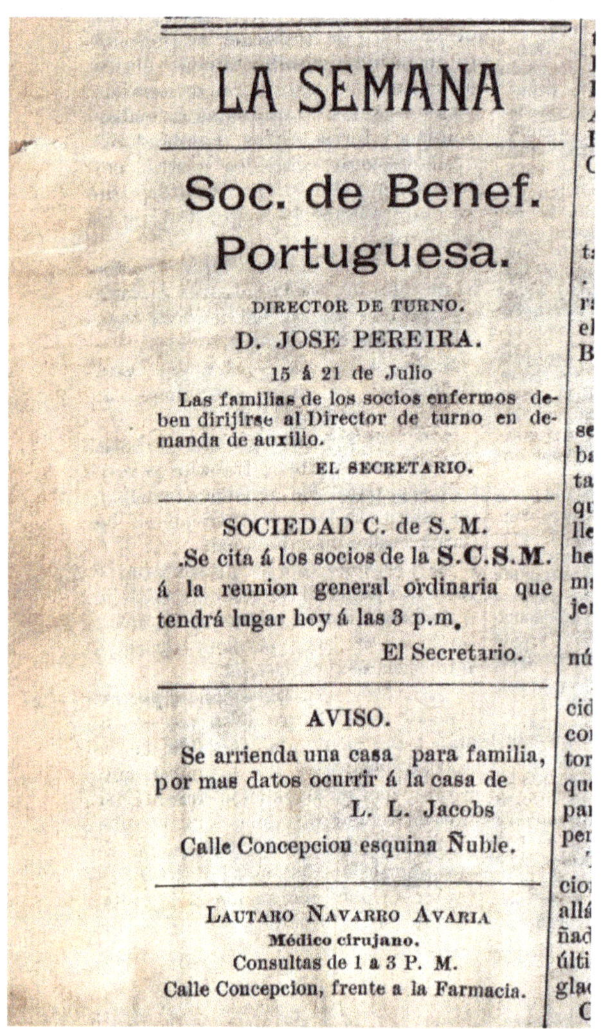

Fig. 2.20. Aviso de prensa de 1895, periódico "El Magallanes".

Hacia fines de 1895 eran expulsados, por *morosos en el pago de sus cuotas, los socios S. S. Antonio dos Santos, González Correia[223] y Hansen Brake, debiendo tomarse igual medida en la próxima sesión con aquellos que se encuentren en Punta Arenas y*

---

[222] Distintas ediciones del periódico "El Magallanes", de 1895 a 1901. Los nombres se transcriben como aparecen en las publicaciones.

[223] Probablemente corresponde a Gonçalo Correia.

deban más de cuatro cuotas[224]. En 1899 se aplicaban iguales sanciones con los socios Antonio F. Álvarez, Simón Borich, Pedro Justos, Nicolás Milichich, José Mol, Antonio Martínez, Antonio de Pino, Eusebio Cerpa, Camilo Fuentes, Ernesto Fasola, José Ferrer, Plácido Sepúlveda, Mateo Trebotich, Francisco Tomisich y Manuel Torres[225]. Estos castigos con publicidad servían de escarmiento a los eventuales morosos para que se pusieran al día a la brevedad.

En julio de 1896 se elegía el nuevo directorio, que quedaba constituido por Juan S. Bettencourt como presidente; Fortunato Ciscutti como vicepresidente; Manuel Rejeiro como secretario; Francisco F. Gómez como tesorero; como directores los señores José Ferrer, José Pereira, Marcos Pivsevich, Daniel Echeverría, Carlos Cassuni, José Río y Mariano Vilus[226].

En junio de 1898 el directorio lo constituían Manuel Alves Brazil como presidente, Juan Rebuffo como vicepresidente, Andrés Yurucich como secretario, Andrés Stambuck como prosecretario y Juan Turina como tesorero[227].

El directorio constituido en 1899 estaba integrado por Emiliano Molina como presidente, Juan Rebuffo como vicepresidente, Andrés Jurichich como secretario, Manuel Regueiro como prosecretario y Juan Turina como tesorero.

En 1900 asumía la presidencia Juan Rebuffo, quedando como vicepresidente Juan Turina, Juan S. Bettencourt como secretario, Emiliano Molina como prosecretario y Manuel A. Brazil como tesorero.

En el directorio de 1931 el presidente de la sociedad era Manuel Alves Brazil, quien ocupaba dicho cargo -con algunas breves intermitencias- desde hacía treinta y ocho años. Vicepresidente era don Ismael Vidal, secretario el señor Juan A. Yáñez, prosecretario don José Vicente, y tesorero Andrés N. Stambuck. Directores eran elegidos los señores Francisco Gómez, Alfonso Pacheco, António dos Santos, Marcelino Mulatti, Marcos Dasensic, Miguel Roa y Alejandro Simpson. A esas alturas del siglo XX la Sociedad de Beneficencia Portuguesa actuaba como entidad financiera, otorgando créditos a sus miembros, incluyendo hipotecarios. Gran parte del tiempo de sus sesiones eran dedicadas a evaluaciones de otorgación de préstamos, y otro tanto a las dificultades para las cobranzas[228].

En 1932 ya había un *edificio social*, cuya mantención y modificaciones daban buena cuenta de los fondos de la sociedad, en parte reintegrados por el arriendo de sus salones. Se acordó enviar notas a los médicos señores Munizaga y Sanhueza, en el sentido de que la sociedad emitiría avances solamente para ellos, *(...) pero les recomiendan que en lo posible se abstengan de recetar específicos y tónicos que resultan sumamente gravosos para los*

[224] Periódico "El Magallanes", 27 de octubre de 1895.
[225] Periódico "El Magallanes", 22 de enero de 1899.
[226] Periódico "El Magallanes", 16 de agosto de 1896.
[227] Periódicio "El Magallanes", 19 de junio de 1898.
[228] Sociedad de Beneficencia Portuguesa. Libro de actas 1931 - 1970.

intereses sociales, debiendo formular recetas[229]. Por otra parte, para ingresar a la sociedad se pedía certificado de buena salud. Fue así como, el 25 de junio de 1933 *(...) el señor Luis Lokvicic desea ser aceptado como socio y viniendo acompañado de certificado médico, se acordó aceptarlo*[230]. Más adelante se daba a conocer la *lista de precios de los doctores Astorquiza y Del Canto en las operaciones*.

En mayo de 1934 solicitaban el ingreso los señores José y Américo Vicente Blocker, los que eran aceptados, previa revisión de sus certificados médicos. Al mes siguiente se daba de baja a quince socios por morosidad en el pago de sus cuotas sociales, y se elegía al nuevo directorio en el cual figuraban los portugueses Manuel Alves Brazil como presidente, José Vicente Rita como tesorero, Américo Vicente Blocker como protesorero y António dos Santos, Eduardo Rendoll y José Vicente Blocker como directores. En 1936 ingresaba Carlos Vicente Blocker[231].

Resulta curiosa la falta de prolijidad de algunos miembros del directorio. Es así como en actas hay frecuentes comentarios como: *No fue leído el Balance a pesar de estar listo según declaración del señor Tesorero por tenerlo el contador y este señor no estaba en la casa cuando el señor tesorero pasó a buscarlo, promete darle lectura en la próxima sesión.* O bien: *No se dio lectura al Acta anterior por olvido del secretario de traer el libro*[232].

Los cuarenta y cinco años de vida de la Sociedad de Beneficencia Portuguesa fueron celebrados con un *vermouth* en el local social, y *para dar más alegría al acto*, el señor secretario prestó una radio.

En 1938, y tras cuarenta y cinco años en la sociedad, ejerciendo la presidencia durante casi todo este largo período, Manuel Alves Brazil renunció al cargo para radicarse en Santiago. Fue, con justa razón, nombrado Presidente Honorario. Desde entonces y hasta su fallecimiento en 1959, la Sociedad de Beneficencia Portuguesa fue presidida -salvo ocasionales intermitencias- por el señor José Vicente Rita, y tres de sus hijos integraban también el directorio. En 1939 ingresaba Pedro, el cuarto hermano Vicente Blocker.

La propiedad que pertenecía a la sociedad aparecía en los muy alegóricos diplomas de ingreso de los socios (Fig. 2.22). El edificio social (Fig. 2.23), en el cual se efectuaban las reuniones, tenía anexa una casa habitación que era arrendada. La asamblea del 5 de junio de 1939 se efectuó a la luz de las velas, puesto que el arrendatario y socio señor Castor Pérez no había pagado las cuentas de electricidad. Como además se encontraba atrasado en varias mensualidades del arriendo, no habiendo sido posible cobrarle la deuda, se decidió en esa misma asamblea solicitarle la devolución de la vivienda[233].

---

[229] Ibíd.

[230] Ibíd. Se ve que la sociedad era visionaria en lo que un siglo y medio más tarde serían las Instituciones de Salud Previsional, o Isapres, con las cortapisas para los médicos prestadores y con la no aceptación de nuevos afiliados con preexistencias.

[231] Para los efectos de esta reseña los hermanos Vicente Blocker, hijos de José Vicente Rita, aunque nacidos en Chile, serán considerados como portugueses.

[232] Sociedad de Beneficencia Portuguesa. Libro de actas 1931 - 1970.

[233] Ibíd.

Fig. 2.22. Diploma de ingreso a la Sociedad de Beneficencia Portuguesa del socio Juan Agustín Yáñez. Cortesía Sra. Juana Mancilla.

En el directorio que se eligió en 1940 todos los cargos directivos eran servidos por portugueses ya que, aparte de los Vicente, asumía la vicepresidencia el señor Eduardo Rendoll, y además se incorporaba como director el señor António dos Santos Gomes. En 1942 fallecía Rendoll, y el cargo de vicepresidente fue asumido por dos Santos, quien lo ejerció hasta su fallecimiento en 1952. Ese mismo año 1940 la institución ingresaba a la Unión de Sociedades Mutuales de Punta Arenas, Río Seco, Porvenir y Natales. Se retiraba voluntariamente de la sociedad el señor Pedro Vicente Blocker entre otros socios, todos morosos.

Fig. 2.23. Sede del Colegio de Profesores Regional Magallanes, ubicada en calle Fagnano 461 de Punta Arenas. Esta casa y sus instalaciones anexas pertenecieron a la Sociedad de Beneficencia Portuguesa hasta su disolución, luego de lo cual funcionó en ellas, durante siete años, la Escuela N° 2 Portugal. Foto del autor (2024).

En 1942 ya se contaba con una bóveda en el cementerio municipal, la cual aún se conserva, administrada por los descendientes de António dos Santos (Fig. 2.24). En él se encuentran sepultadas seis personas, que fueron inhumadas entre 1927 y 1985, y que se anotan según lo registrado en los archivos del cementerio municipal, por orden de llegada: Juan de Souza Bettencourt, 23 de noviembre de 1927; José Rio Lefloe, 13 de abril de 1928; Cristián Cristiensen Rasmussen, 9 de septiembre de 1938; Ismael Vidal Vidal, 18 de octubre de 1948; Antonio Roberto dos Santos Gómez, 4 de diciembre de 1952; Ángela Marina Aprá Brosio, 3 de mayo de 1985. Hay dos cupos disponibles.

2.24. Bóveda de la *Sociedad de Beneficencia Portuguesa* en el Cementerio Municipal de Punta Arenas. Foto del autor (2019)

Ya avanzado el siglo XX el registro de socios se mantenía en número de sesenta y tres: treinta y tres chilenos, diecisiete *yugoslavos*, tres argentinos, un inglés. Había uno en que no se consignó nacionalidad: Antonio Beriza. Había una rusa, la única mujer y Presidente Honoraria de la sociedad, doña Sara Braum [sic]. Los portugueses se habían reducido a siete: Manuel Alves Brazil, socio fundador, de profesión fotógrafo, también Presidente Honorario y radicado en Santiago; José Vicente Rita, incorporado en 1918, de profesión empleado; Manuel dos Santos, incorporado en 1916, de profesión empleado; João Carvalho, incorporado en 1920; António dos Santos, incorporado en 1928, de profesión mecánico, y Reynaldo José Dies, incorporado en 1943[234]. A este listado habría que agregar a Tomas Junior y a los tres hijos de José Vicente Rita, con lo que, con suerte y por secretaría, los portugueses podrían haber llegado a diez (Figs. 2.24 y 2.25).

---

[234] Sociedad de Beneficencia Portuguesa. *Rejistro de Socios* abierto el año 1945.

Fig. 2.24. Salón de Honor de la Sociedad Beneficencia Portuguesa. Cortesía de familia Vicente Blocker.

Fig. 2.25 Miembros de la Sociedad de Beneficencia Portuguesa (c. 1950). Sentados y de izquierda a derecha se distinguen, entre otros: Luis Lokevic, Américo Vicente Blocker, José Vicente Rita, António dos Santos Gomes, Carlos Vicente Blocker; de pie Gregorio Biskupovic, Kusmanic y Froilán Vidal. Cortesía familias dos Santos Aprá y Vicente Blocker.

En 1943 se celebraba el cincuentenario de la sociedad con una misa solemne *por el sufragio de los socios fallecidos*, con el bautizo del nuevo estandarte, con una romería al cementerio (Figs. 2.26. y 2.27) y con un baile, para lo cual se contrataba a la orquesta Domic por $300 *hasta las 4 de la mañana*[235]. Más adelante ese año asumía la presidencia de la sociedad don José Vicente Blocker, manteniéndose su padre, José Vicente Rita, como director. *(...) A insinuación del Director Sr. José Vicente R. se acuerda nombrar socia honoraria a la Distinguida y benefactora Dama Doña Sara Braun*[236]. En 1944 José Vicente Rita reasumía como presidente.

[235] Sociedad de Beneficencia Portuguesa. Libro de actas 1931 - 1970.
[236] Ibíd.

Fig. 2.26 Romería de la Sociedad de Beneficencia Portuguesa al Cementerio Municipal con motivo del cincuentenario de su fundación (9 de mayo de 1943). De izquierda a derecha: Gregorio Biskupovic; Luis Lokevic con el estandarte; António dos Santos; los niños son Américo y Carlos Vicente. Cortesía de familias dos Santos Aprá y Vicente Blocker.

Fig. 2.27. Romería de la Sociedad de Beneficencia Portuguesa al Cementerio Municipal con motivo del cincuentenario de su fundación (9 de mayo de 1943). Cortesía de familia Vicente Blocker.

El 8 de agosto quedaba en actas:

El señor presidente da cuenta que falleció en el Hospital Social el ciudadano portugués Sr. Manuel Medina Q.E.P.D que no contaba con familia alguna en la localidad, y que desde el hospital se consultó si la sociedad se haría cargo de sus restos, a lo que se le dijo que no era posible; para cuyo efecto se efectuó una colecta entre los ciudadanos portugueses y descendientes de portugueses, solicitando a la sociedad se le diera sepultura en el mausoleo de la sociedad; para este efecto se consultó previamente casi a la totalidad de la mesa directiva, la que dio su aprobación[237].

---

[237] Ibíd.

Manuel Medina no figura en los registros de ciudadanos portugueses del consulado, y considerando que no tenía familia residente, es posible que haya estado circunstancialmente en Magallanes. Finalmente no se sepultó en la bóveda de la sociedad.

A mediados de 1945 se reformaban los estatutos de la Sociedad de Beneficencia Portuguesa, en cuyo artículo 3° se insistía en que *La Institución tiene por objeto principal desarrollar la ayuda mutua, auxilios directos y el mayor bienestar social de sus asociados.* Entre las obligaciones de los socios se exigía, en el artículo 7°, *(...) Procurar dentro de sus condiciones personales a la mayor ayuda colectiva, tanto a la sociedad como en general a sus consocios, como asimismo, personalmente influir directamente en un bienestar común; visitar a los socios enfermos y concurrir a los funerales de socios fallecidos.* De los beneficios de los socios, detallados en el artículo 8°, destacan: *(...) Atención médica en los casos de enfermedad o accidente, siempre que ello lo imposibilite para el trabajo. (...) la sociedad pagará solamente el 50% del valor de las atenciones profesionales de practicante o de enfermero, tales como, colocación de inyecciones, curaciones, masajes, aplicaciones de Rayos X, diatermia y ultratermia. Si el socio (...) deba ingresar a un hospital por prescripción médica, tendrá derecho a atención en pensionado de segunda clase (Hospital de Asistencia Social) y solo por el término de veinte días. (...) también podrá ingresar a una clínica particular, abonando en esta circunstancia la sociedad solamente el valor equivalente al de Pensionado de Segunda clase mencionado.* También regulaba los aranceles de los cirujanos, y no cubría los costos de una segunda cirugía, ni aunque fuese por complicaciones de la primera. La sociedad se hacía cargo de gastos de funerales de los socios, había una cuota mortuoria para los herederos, y podían ser velados en el salón social y sepultados en la bóveda de la institución. *(...) Al fallecimiento de un socio, la sociedad enviará una ofrenda floral.* Había un estricto código de disciplina y ética que regulaba el comportamiento de los socios tanto dentro como fuera de la institución, y las faltas se castigaban con suspensión o eliminación de la misma. El artículo 18° señalaba, entre otras causales de eliminación *(...) Incorporarse a la sociedad ocultando enfermedades, sorprendiendo la buena fe de un médico.* El resto de los estatutos se referían, con extrema prolijidad, a todas las formalidades pertinentes al buen funcionamiento de la sociedad[238]. La reforma a los estatutos se aprobó por la asamblea y ante notario, conforme a la ley, y se llevó a cabo todo el proceso que se requería para quedar a firme (Fig. 2.29).

En la sesión del 2 de septiembre *se dio lectura a un telegrama enviado por el socio señor José Vicente B, en el cual agradece la atención que tuvo la sociedad para con él, con motivo del naufragio del vapor "Antofagasta", barco con el cual él viajaba.* El Sr. José Vicente Blocker no escarmentó, insistiendo en viajar en barco a Valparaíso, esta vez sin incidencias.

En 1948 se manifestaba un ejemplo del sentido de la honradez de la vecindad magallánica de aquellos tiempos cuando, meses después de su fallecimiento, se presentaba una hija del socio Juan Agustín Yáñez a pagar sus cuotas atrasadas. Renunciaba el

---

[238] Ibíd.

secretario Sr. Carlos Vicente Blocker, quien se radicaría en el norte del país. Asumía en el cargo el Sr. Gerardo King, quien lo ejerció hasta la disolución de la sociedad, 22 años más tarde. Como pendolista fue minucioso y ordenado, como el buen relojero que era. Carlos Vicente fue despedido con un picnic.

El Notario Público Suplente, que suscribe, certifica: que asistió y estuvo presente en la Asamblea General Extraordinaria de Socios de la Sociedad de Beneficencia Portuguesa a que se refiere el Acta que precede; que la respectiva citación a Asamblea fué hecha por avisos publicados en el diario "La Prensa Austral" de esta ciudad, en sus números correspondientes a los días 19, 20, 21, 22, 23, 25, 26, 27, 28, y 30 de Junio último, según consta de los respectivos ejemplares que he tenido a la vista; que asistieron a esa reunión los socios cuya nómina figura en la misma acta, y que, esa misma acta es una relación fiel y exacta de lo ocurrido y de los acuerdos tomados en la citada Asamblea General Extraordinaria de la Sociedad de Beneficencia Portuguesa. Punta Arenas, Julio 1º de 1945. — E. Donoso B., Notario Público Suplente. — Hay estampillas y un sello del Notario. — Conforme con el Acta que he tenido a la vista.

En comprobante firma, previa lectura, con los testigos don Armando Mancilla Márquez y don Juan Dettleff.

Se dió copia, pagándose en el Registro $ 15.— de impuesto, más $ 1.—, de conformidad con la Ley 5.948.

Doy fe. J. Vicente R., A. Mancilla M., J. Dettleff. Ante mi, E. Donoso B., Notario P. S.. Entre líneas: "enfermedades, sorprendiendo". Valen. Doy fe.

Pasó ante mi; firmo y sello con el del titular, siendo la presente primera copia. E. Donoso B., Notario Suplente.

Registro actual de Socios

1. Manuel A. Brazil		30. Juan Kusmanic	
2. Andrés Stambuk		31. Américo Vicente B.	
3. José Vicente R.		32. José Vicente B	
4. Juan A. Yáñez		33. Tomás Junior	
5. Ismael Vidal		34. Carlos Vicente B.	
6. Emilio Mulatti		35. Alberto Almonacid	
7. Marcelino Mulatti		36. Esteban Eterovic	
8. Ruperto Mulatti		37. Julio Villalobos	
9. Antonio Beriza		38. Jorge Martinic	
10. Pedro Maricic		39. José Lokvicic	
11. Lucas Kusmanic		40. Reynaldo Aldridge	
12. Alfonso Pacheco		41. Ricardo Retamales	
13. Castor Pérez		42. Antonio Angelo	
14. Manuel Santos		43. Pedro Vidal N.	
15. Gregorio Biskupovic		44. Bernardino Vargas	
16. Adolfo Pérez		45. Vicente Breskovic	
17. Juan Dragnic		46. Esteban Angelo	
18. Juan Carvallo		47. Reynaldo José Diez	
19. José Brstilo		48. Nicolás Marcic	
20. Froilán Vidal		49. Mateo Hraste	
21. Alejandro Simpson		50. Samuel Acuña R.	
22. Juan Vukovic		51. Luciano A. Mayorga	
23. Nicolás Vukovic		52. Julio Arriagada	
24. Mateo Glucevic		53. Juan Mimica	
25. Antonio R. Dos Santos		54. Juan Domian	
26. Roque Svilicic		55. Gerardo King Ruiz	
27. Antonio Buzolic		56. Germán Monsalve G.	
28. Luis Lokvicic		57. Sara Braun.	
29. Pedro Ivanovic			

18 —

Fig. 2.28 Últimas páginas de los estatutos de la Sociedad de Beneficencia Portuguesa, reformados en 1945. Cortesía de familia Vicente Blocker.

El 15 de septiembre de 1951 se avisaba del pronto retorno del presidente Sr. José Vicente Rita, quien había viajado a su querida Coimbra después de muchos años de ausencia. Se aprobó recibirlo con una cena en el *Cap Ducal*.

En 1952 se daba cuenta de la rigurosidad con que el señor Andrés Stambuck había pagado sus cuotas durante más de medio siglo a pesar de estar radicado en el norte del país, motivo por el cual se le nombraba Presidente Honorario de la Sociedad de Beneficencia Portuguesa.

Ya por aquellos años las reuniones se habían limitado a una al año. En casi todas llegaba atrasado don Froilán Vidal, al cual se le debía hacer un resumen de lo tratado para solicitar su aprobación. En 1958 José Vicente Rita insistía en que la presidencia la debería asumir alguien más joven.

Pide la palabra el Director señor Froilán Vidal[239] y expone que él no está de acuerdo de elegir otra persona que no sea el Sr José Vicente Rita, ya que él representa lo más venerado y respetado por todos los socios y es a su vez el último representante de la República Portuguesa por ser ahí cuna de su nacimiento y ser por lo tanto portugués neto, y que debe seguir en el puesto ya que así como él, fueron los que un día dieron fundación a esta sociedad y se sirvió para ayudarse mutuamente y recordar a su patria lejana[240].

Demás está decir que Vicente siguió de presidente, pero no alcanzó a completar su último período, falleciendo a comienzos de 1959. Su cargo lo asumió entonces don Eduardo Rendoll Gomes.

En 1960 se acordó donar E° 50 en beneficio de los damnificados del gran terremoto de Valdivia.

1961 marcaba el comienzo del fin de la Sociedad de Beneficencia Portuguesa, como se desprende de las actas, de las cuales extraigo las materias más relevantes:

23 de abril de 1961.

El objetivo principal era de oír una carta enviada por el profesorado y padres y apoderados de la escuela N° 2[241], con el fin de entrar en negocio de los terrenos de la sociedad y ver la manera de adquirirlos, ya que el local que actualmente ocupan (Fig. 2.30) *deberán desocuparlo porque fue adquirido por el Club Deportivo Sokol para hacer un gimnasio. (...) se resolvió de buscar una manera de solucionar el problema (...) donando nuestros terrenos, con la condición de que la escuela llevara el nombre de la sociedad o en su defecto de la nación que dio la cuna a los fundadores de la sociedad, o sea el nombre de República de Portugal; además en la entrada se colocará una plancha de mármol con los nombres de las personas que han hecho posible este ofrecimiento; además tres de las principales salas llevarán el nombre de otros tantos presidentes que ha tenido la sociedad. (...) esta gestión está llamada a ser el término de la existencia de la sociedad. Se buscó la mejor manera de perdurar el nombre de la sociedad y de sus fundadores en esta obra que servirá para que futuras generaciones vean con respeto y admiración que un grupo de extranjeros, todos portugueses, formaron una sociedad de beneficencia el 14 de mayo de 1893, con el fin de ayudarse mutuamente (...). Luego se fueron incorporando chilenos y simpatizantes en esta sociedad que llegó a ser una de las más antiguas y respetadas de la provincia. El tiempo transcurrido ha hecho que las leyes sociales absorbieran por completo los beneficios (...), y los que están la mantienen por un valor sentimental (...).*

---

[239] En esta oportunidad habría llegado a tiempo a la discusión.

[240] Sociedad de Beneficencia Portuguesa. Libro de actas 1931 - 1970.

[241] La Escuela Superior de Niñas N° 2 era continuadora directa de una de las más antiguas de Chile, ya que había sido fundada el 1 de octubre de 1853, y su primer director fue el gobernador del territorio, el danés Jorge Schythe, quien era profesor de ciencias naturales (Dollenz, 2019).

Fig. 2.29. En primer plano la Escuela Superior de Niñas N° 2, fundada en 1853. Adosada, la Escuela Superior de Hombres N°1, fundada en 1900. Cortesía Sr. Álvaro Giner.

13 de agosto de 1961.

(...) se visita al Sr. Intendente de la Provincia, acompañado con miembros de este directorio, el Director Provincial de Educación, y se acuerdan las condiciones del ofrecimiento (...): La Sociedad de Beneficencia Portuguesa vendería a la Sociedad Constructora de Establecimientos Educacionales su propiedad de Monseñor Fagnano en la suma que fije la Sociedad Constructora, aunque ésta sea más baja que su actual valor comercial (...). El pago de este valor se haría en acciones de la Sociedad Constructora de Establecimientos Educacionales, acciones que la Sociedad de Beneficencia Portuguesa donaría a diversas instituciones locales. El señor vicepresidente Juan Kusmanic es de opinión de postergar los trámites seguidos por la sociedad y de imponer con el dinero que se va a recibir más beneficios a los socios. El Sr. Secretario Gerardo King da cuenta que esto no es posible por cuanto ya esto está comprometido con las autoridades y la opinión pública en general, y el principio de este movimiento fue con el fin de liquidar la sociedad y que instituciones locales se beneficien con ello. (...) Se discutió que cuáles serían las instituciones que se beneficiarían con nuestro aporte en acciones y en principio se acordó: Cruz Roja, Cuerpo de Bomberos, Asilo de Ancianos y Asilo de Huérfanos.

En esa sesión se eligió al nuevo directorio, el cual quedó presidido, y hasta la disolución de la sociedad, por José Vicente Blocker.

7 de abril de 1962.

(...) en lo que respecta a los muebles (...) se aprobó la moción de entregarlos a la escuela N° 2, ya que a ellos les hacía falta y a la postre esta escuela entraría a llamarse con el nombre de nuestra sociedad. Estos muebles corresponden a las sillas, mesa, calentadores, tableros, armario y las lámparas de luces.

9 de agosto de 1970.

El secretario informa a la asamblea que por conveniencia a los intereses de nuestra institución sería conveniente que nuestra sociedad tuviera existencia legal hasta fines de año (...). Sobre las condiciones en que quedaría el mausoleo de la sociedad (...) se acordó que sería entregado en donación a las hermanas del asilo de Miraflores, pero que éste también alcanza para los beneficios del asilo de ancianos Paz de la Tarde, quedando como condición que junto con el ofrecimiento quede una lista de los socios que actualmente forman la sociedad, para que si alguno de ellos solicitase usar el terreno le sea otorgado. Sobre el estandarte, cuadros de miembros del directorio y de presidentes que ha tenido la sociedad, como asimismo los libros de actas de asamblea y de directorio y los de tesorería serían entregados al Instituto de la Patagonia (...). Sobre las acciones que dispone la sociedad (...) se acuerda entregar el 25% a cada institución (...), Cuerpo de Bomberos, Cruz Roja, asilo de ancianos y asilo de huérfanos[242].

Al final de cuentas, la Sociedad Constructora de Establecimientos Educacionales edificó la *Escuela N° 2 Portugal* en la propiedad de calle Fagnano, en donde funcionó por siete años. Esta locación, de alto valor comercial y adquirida a bajo precio merced a la generosidad de la agonizante Sociedad de Beneficencia Portuguesa, fue revendida, y de las cenizas surgió el ave Fénix de la actual escuela Portugal, la que terminó construyéndose en Mejicana 527 (Figs. 2.30 y 2.31), ahora orgullo de la educación magallánica (Fig. 2.32).

Fig. 2.30. Vista parcial del antiguo edificio de la Escuela Portugal ubicada en calle Mejicana 527. Foto del autor (2006).

En 1970 el ministro de Educación, Máximo Pacheco Gómez, llegó a Punta Arenas para inaugurar oficialmente el nuevo local de la Escuela Superior de Niñas N° 2 que lleva

---

[242] Ibíd.

el nombre de Portugal, en homenaje a un país, cuyos hijos, en tiempos pioneros, contribuyeron en forma tesonera al progreso de la zona[243].

Fig. 2.31. Vista actual de la Escuela Portugal. Foto del autor (2020).

La Escuela N° 2, sucesora de la iniciada por el gobernador Schythe en 1853, había sido refundada en 1868, durante la gobernación de Oscar Viel Toro, y es uno de los más antiguos establecimientos educacionales del país. En 1978 se dictó el decreto ley 1.063, con el que la escuela pasaba a denominarse *Escuela D-25 Portugal*[244]. En 1993 fue visitada por el Presidente de la República Portuguesa Sr. Mário Soares, según se verá más adelante.

Fig. 2.32. Alumnos de la Escuela Portugal en el desfile dominical en la plaza Muñoz Gamero de Punta Arenas. Foto del autor (2018).

X   Traspasada su puerta, a la vista de todo aquel que entra, se encuentra una placa de bronce (Fig. 2.33) con los nombres de los últimos socios y, destacados, los de los dos presidentes principales que tuvo la Sociedad de Beneficencia Portuguesa: Manuel Alves Brazil (1893 - 1938) y José Vicente Rita (1938 - 1959), a los que se agregó Eduardo Rendoll Gomes (1959 - 1961).

---

[243] M. A. Dollenz (2018). *Escuela Portugal. Un gran aporte de los portugueses a la región.*
[244] Ibíd.

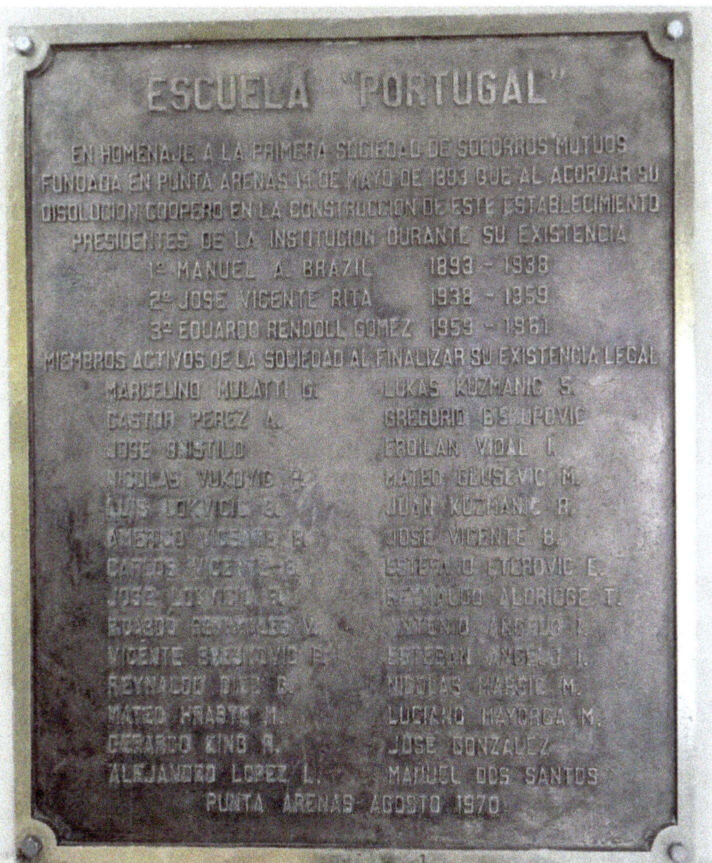

Fig. 2.33. Placa de bronce que se encuentra a la entrada de la Escuela Portugal, con los nombres de los principales presidentes y los socios que tenía la Sociedad de Beneficencia Portuguesa al tiempo en que comenzó a funcionar dicho establecimiento educacional. Foto del autor (2023).

Tercera Parte

LA MEMORIA FAMILIAR

(Saudade) - Brazil Alves - Dies González - dos Santos Gomes - dos Santos Souza - Fortes Lima - Gomes da Motta - Gomes Furtado - Pinto de Sousa - Rendoll Tavares - Vicente Rita - Vieira da Cunha

(Saudade)

Según los diccionarios de la lengua castellana, cuando aparece esta palabra traducida al castellano -en algunos no aparece- se define como *soledad, nostalgia, añoranza*. Pero es más que eso. La verdad es que no existe en castellano, y tal vez la que más se asemeja -en su sentido- es la gallega *morriña*. Eso por lo menos en las lenguas de base latina. Es una palabra que viene más del alma que del habla, es más un sentimiento que un fonema, un recuerdo nostalgioso de algo, de una vivencia, de alguien, que ya no está pero que no se pierde la esperanza de recuperar. *Meu saudozo filho*, le escribían las madres a los hijos que se habían ido del terruño empobrecido a procurarse una vida con más esperanzas. La *saudade* también se encuentra en el *fado* que recuerda a Lisboa y a Coimbra, en las *cantigas* de los marineros y en el *cante* varonil de los secanos del Alentejo. Lo más sorprendente es la constatación de cómo este sentimiento persiste en los descendientes de portugueses, aunque jamás hayan pisado la patria lusitana. Todos añoramos a Portugal, como si la *saudade* se encontrase en algún gen misterioso, transmitido a los hijos, nietos, bisnietos, y así de generación en generación.

Aunque falta mucho por indagar en materia de las historias de los descendientes de Portugal, dejo aquí lo que tengo hasta la fecha de la entrega de esta segunda edición a la imprenta, que por cierto abunda más en pesquisas de historias familiares que en la primera. Para efectos prácticos, y para evitar confusiones, el orden de los apellidos se presentan a la usanza castellana, en que el paterno antecede al materno.

Brazil Alves

Fig. 3.1.Manuel Alves Brazil, en fotografía oficial como presidente de la Sociedad de Beneficencia Portuguesa (1893). Cortesía Instituto de la Patagonia.

Manuel Alves Brazil (Figs. 3.1 y 3.2), capitán de goleta y arribado en 1873, proveniente de la isla de São Jorge del archipiélago de las Açores, devino en fotógrafo profesional (Fig. 3.3), asociándose inicialmente con el español Cándido Veiga para ofrecer servicios del ramo en un establecimiento comercial, pero a poco andar cada uno siguió su rumbo. El estudio de Manuel estaba en la calle Maule 1130[245].

Flg. 3.2. Manuel Alves Brazil en fotografía del estudio Nelson & Bailey de Bakersfield, California. Cortesía Sr. Erigardo Mancilla Uribe.

Fue durante muchos años presidente de la Sociedad de Beneficencia Portuguesa, y por un tiempo cónsul de Portugal en Punta Arenas (Figs. 3.4 y 3.5). Contrajo matrimonio con la dama María Inés Ugueda, de origen chilote, como era lo habitual. En septiembre de 1894 nacía su hijita María Alves Brazil y Ugueda, la que murió a los 4 meses[246].

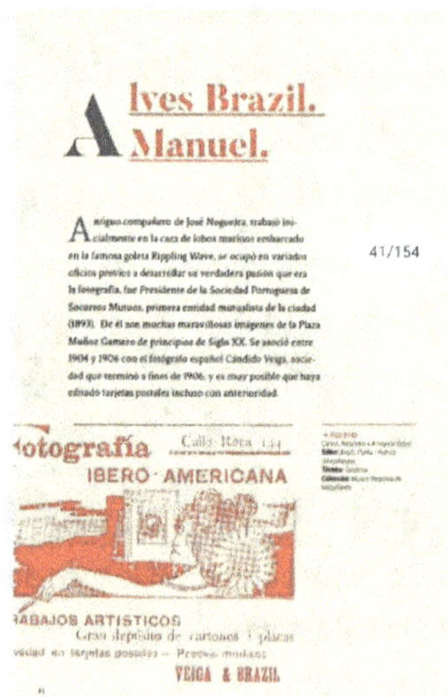

Fig. 3.3. Reseña publicada en *La tarjeta postal en Magallanes* 1898-1960. Colección del Museo Regional de Magallanes.

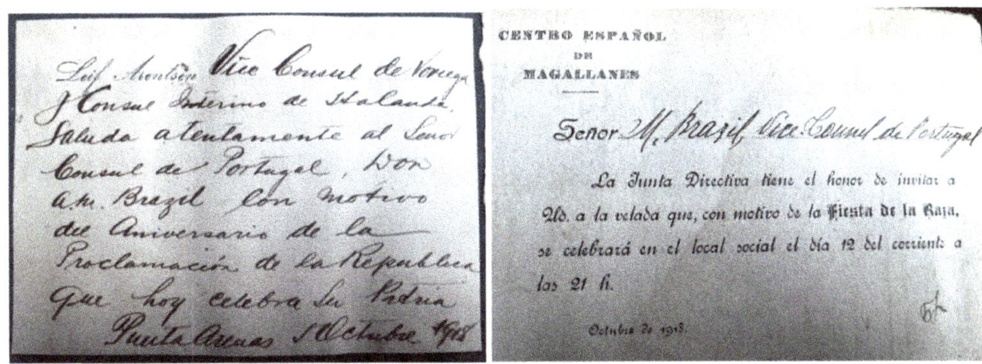

Fig. 3.4   Fig. 3.5

Figs. 3.4 y 3.5. Documentación Consulado de Portugal (1918). Cortesía Sr. Erigardo Mancilla Uribe.

Optó a la cesión de una hijuela por parte del fisco, el cual le donó veinte hectáreas en los deslindes de la ciudad, por escritura pública del 28 de septiembre de 1899, con lo cual su vida terminó de transcurrir desde el mar hacia tierra adentro, creando la conocida *Chacra Brazil* (Figs. 3.6, 3.7 y 3.8). Se radicó al final de sus días en Santiago, falleciendo en 1949. Se emparentó con Joaquim de Almeida, ya que éste contrajo matrimonio con su cuñada Antonia Ugueda. Su tataranieto Erigardo Mancilla Uribe me aporta valiosas fotografías, y también recuerdos:

Fig. 3.6   Fig. 3.7

Fig. 3.8.

3.1.   **Figs. 3.6, 3.7 y 3.8. Chacra Brazil. Cortesía Sr. Erigardo Mancilla Uribe.**

Soy la quinta generación de los Brazil en Magallanes. Manuel Alves Brazil fue mi tatarabuelo, mi bisabuela María Regina Brazil (Figs. 3.9 y 3.10), mi abuelo Manuel Mancilla Brazil, mi padre Mancilla Valdés y yo.

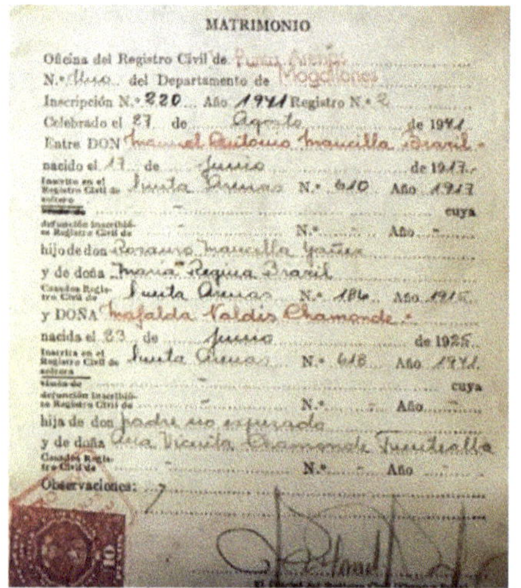

Fig. 3.9

Fig. 3.10

Figs. 3.9. y 3.10. Casamiento de Manuel Mancilla Brazil y Mafalda Valdés Chamonde (1941). Cortesía Sr. Erigardo Mancilla Uribe.

Tengo tres tíos vivos, que son sus bisnietos, y por parte de mis tíos abuelos también hay algunos primos míos. Tenemos cuatro sepulturas en el cementerio de Punta Arenas. Uno es Armando Brazil, parece que Ugueda. Nace en noviembre de 1913 y muere en noviembre de 1914. "Recuerdo de sus padres", dice la placa. Manuel Alves Brazil, si bien fue importante, no era de alta alcurnia, así que los portugueses pasaron al olvido. Hay otra tía Brazil en el cementerio, que fue hija de Manuel y hermana de mi bisabuela Regina.

Fig. 3.11

Fig.3.12

Mi abuela me contaba que la Chacra Brazil quedaba en la subida de Independencia, donde ahora está la cárcel y la población Juan Pablo II. Manuel tuvo ocho propiedades en Punta Arenas (Figs. 3.11, 3.12 y 3.13). Nuestra abuela siempre nos comentaba que los terrenos

Fig, 3.13

Figs. 3.10, 3.11 y 3.13. Tres de las ocho propiedades de Manuel Alves Brazil en la zona urbana de Punta Arenas.

de la Fach en la ruta norte, como a siete kilómetros de Punta Arenas, le pertenecieron. El Hotel Chabunco también era de él. Tal vez la más notable de sus propiedades fue el *Edificio Brazil,* construido en 1914 y localizado en la calle 21 de Mayo con el número 1181. Es un edificio de tres pisos, y sobre los dinteles de las ventanas del segundo se aprecian las figuras de conchas exteriores, al estilo renacentista. Más tarde perteneció a Antonio Luksic Nonvellier y dedicado a locales comerciales y oficinas. Actualmente este edificio, localizado a media cuadra de la Plaza de Armas, parece estar en total abandono (Figs. 3.14 y 3.15).

Fig. 3.14. Edificio Brazil en sus inicios.

Fig. 3.15. Edificio Brazil en la actualidad.
Foto del autor (2024).

Parece que tuvo más de un matrimonio -continúa Erigardo Mancilla- *y se dice que tuvo un amorío o que estuvo enamorado de una persona de la alta sociedad magallánica, un amor escondido. Tenemos una pista, porque hay fotografías tomadas por él, de esa persona, que usaba muchas joyas y collares. Él nunca lo confesó. Aparte de eso, fueron varios matrimonios.*

No conozco Portugal para nada, algún día iremos a las Açores a encontrar los orígenes[247].

Dies González

Como se señalaba en páginas anteriores, en 1945 José Vicente manejaba un listado actualizado de los portugueses residentes en Magallanes. Allí figuraba un Reinaldo Dies G., a la sazón de 34 años, casado, comerciante, instrucción primaria. Lo que no se menciona es una vida extraordinaria, relatada por su hijo Juan José Diez Radovic. El profesor Ernesto Fernández de Cabo Arriado conoce bien su historia familiar, y me ha compartido algunos datos, los que complemento con los aportados por su hijo. Según relata Juan José, nació hacia 1904, en Figueira da Foz (Figs. 3.16, 3.17 y 3.18).

A lo largo de la orilla, numerosos secaderos donde se blanquea el bacalao anuncian a Figueira da Foz, tercer puerto bacaladero portugués. La rada es acogedora. Una magnífica playa de fina arena se tiende al sol, y se ha convertido en uno de los puntos de veraneo más frecuentes de la costa. Los españoles sobre todo afluyen allí durante la estación seducidos por la suavidad del clima, por el brillo de las veladas en el Casino, por todas sus abundantes distracciones, desde el tenis al tiro de pichón[248].

Fig. 3.16. Pelourinho (picota donde se ajusticiaba a los delincuentes) de Figueira da Foz. Grabado de 1885.

[247] Relato personal del Sr. Erigardo Mancilla Uribe.
[248] D. Ogrizek (1957). *PORTUGAL*. Pág. 166.

Relata Juan José:

Nació ahí porque mi abuelo Francisco José Dies tenía un hotel en este balneario. Estaba casado con una española que se llamaba Consuelo González. Los dos eran de España, de un pueblo llamado Zamora, en Castilla la Vieja. No sé si en Zamora o en un pueblito chico llamado Fermoselle[249]. Este abuelo mío muere, entonces se vuelven a Zamora y me abuela se casa nuevamente, con un personaje que si mal no recuerdo se llamaba Agustín Fariso, el cual parece que trató muy mal a mi padre. Mi abuela tuvo con él 3 hijos, que son Gabriel, María, y Visitación. No era muy buena persona con mi padre, parece que lo hizo sufrir mucho cuando niño, y mi abuela, ante esta situación decidió mandar a mi papá a Santiago de Chile a trabajar con un tío que se llamaba Generoso González, calculo que tenía unos doce o trece años. Generoso era hermano de mi abuela, y tenía una librería. Mi padre contaba que estuvo trabajando con él desde los 14 hasta los 16 años. Este tío lo explotaba, lo hacía trabajar mucho, no lo trataba muy bien, entonces mi padre decidió volver a España.

Se fue a Valparaíso con la idea de embarcarse, pero era muy caro. Entonces alguien le dio la idea de recorrer América y llegar a Nueva York. Puede haber otras versiones de la historia, pero mi papá me contó poco. Como había aprendido cosas de comercio, él compraba bisutería. En los altos del Cinzano arrendaba una pieza. Se mandó a hacer una especie de bandeja para exhibir sus cosas en la calle, y salía todos los días a recorrer los cerros de Valparaíso vendiendo su bisutería. Juntó un poco de plata, seguramente trabajó en otras cosas también, se fue de Valparaíso y llegó a Copiapó o Caldera, y hasta donde tengo entendido, lo vine a saber muchos años después, él se habría casado en una de estas ciudades, nunca tuvimos noticias. Un día mi mamá dijo "¡cuéntales, cuéntales!", mi papá se reía. Nunca supimos si era verdad o no la historia[250].

Fig. 3.17. Embarcadero de Figueira da Foz, comienzos del siglo XX.

Su espíritu inquieto y aventurero le llevó a la ciudad peruana de Piura, tras recorrer parte de Bolivia. En esa ciudad se hospedó en un modesto hotel, en donde las circunstancias dieron a su vida un vuelco definitivo.

---

[249] Relato personal del Sr. Juan José Diez Radovic (2021).
[250] Ibíd.

Fig. 3.18. Playa de Figueira da Foz. Fotografía de 1935.

Continúa su relato Juan José Diez:

Llegó al hotel una compañía de teatro española, y como mi padre era español y muy extravertido, se hizo amigo de las "bataclanas" -como él las llamaba- y de los actores. Un día se enferma un actor de algo grave, deciden enviarlo a España, y como mi papá era amigo, español, le ofrecen el papel, que le dijeron era fácil. A partir de ahí estuvo más de veinticinco años dando vueltas en diferentes compañías de teatro, todas españolas, en toda América. Así fue como llegó Buenos Aires, donde vivió más de diez años. Vivía en la calle Lavalle, llevando una vida completamente bohemia. Después de las funciones frecuentaba los cafés de calle Corrientes. Ahí conoció a una actriz que se llamaba Eva Duarte[251], no eran especialmente amigos, pero la recordaba como una persona muy afable, simpática, amiga de todos los actores[252].

Hacia 1936 integraba la compañía de teatro *Carlos Díaz de Mendoza*, que recorría Chile desde Arica a Punta Arenas (Fig. 3.19), donde la agrupación tenía la intención de embarcarse a Buenos Aires, y desde ahí a España. Volvía después de muchos años, a la tierra desde donde había salido cuando todavía era un niño. Pero lo detuvo un flechazo, según Juan José:

Caminando por la calle Bories vio a una mujer de unos ojos muy hermosos, entre verdes y azules, y quedó embelesado. La conoce, pololean un poco, y el día antes de embarcarse le propone matrimonio, y si ella acepta le ofrece quedarse en Punta Arenas, le dice que tiene ahorrado algo de plata, podría iniciar un negocio. El barco se iba al día siguiente a las 4 de la tarde, ella lo citó al mediodía en la plaza Muñoz Gamero, y ahí le dice que sí. Van al barco, sacan los baúles y maletas, y mi padre se queda en Punta Arenas[253].

---

[251] Llegaría a ser conocida como Eva Perón.
[252] Relato personal del Sr. Juan José Diez Radovic (2021).
[253] Ibíd.

Fig. 3.19. Reinaldo Dies González en Punta Arenas. Cortesía de su hijo Sr. Juan José Diez Radovic.

Esa mujer era Juana Radovic, se casaron y tuvieron tres hijos: María Angélica, Jaime y Juan José. Reinaldo era nacido en Portugal, pero había vivido toda su infancia en España, a pesar de lo cual, y de haber castellanizado sus apellidos a *Diez González*, se declaraba portugués, y en tal condición integraba el listado de José Vicente. En Punta Arenas tuvo un quiosco en donde se lustraban zapatos, reparaba lapiceros, entre otros muchos oficios que le permitieron salir adelante con su familia. Finalmente, fue propietario de la conocida *Casa Diez*.

Se radicó más tarde en Viña del Mar, ciudad en la que falleció en 1981.

dos Santos Gomes

Los inmigrantes apellidados dos Santos fueron varios, según se puede apreciar en los listados de portugueses desplegados en páginas anteriores de este libro. Cuento, de partida, con los datos aportados por los descendientes de António Roberto dos Santos Gomes (Fig. 3.20), quien llegara a los 19 años a Punta Arenas. Sus padres eran António Roberto y Filomena de Jesus, y nació el 1 de noviembre de 1907 en la *freguesia de Lajedo, concelho de Lajes das Flores*[254]*, en el archipiélago de las Açores*[255]*. Llegó en 1926 a trabajar en la esquila, por un familiar, y fue mecánico. Se casó con Ángela Aprá Brosio en 1929, quien era de padre italiano y madre francesa*[256].

---

[254] Conservatória do Registro Civil, Cartório Notarial Lajes das Flores. Cortesía familia dos Santos Aprá.
[255] Consulado de Portugal. *Matricula dos Sidadões Portugueses* 1914 - 1934. Cortesia familia Vicente Blocker.
[256] Relato personal del Sr. Sergio dos Santos Aprá y de la Sra. Marianella dos Santos Gallardo.

Fig.3.20.António dos Santos con amigos. Cortesía de la familia.

Las Açores brotan en mitad del océano Atlántico, atrincheradas tras altos acantilados sombríos, desgastados y roídos por las olas. Cuando los marinos del rey Don Diniz las descubrieron, no encontraron a lo largo de aquellas costas recortadas ninguna ensenada donde echar el ancla. Habían de transcurrir años todavía hasta que las tripulaciones del infante Don Enrique llegaran a abordar Santa María, la más oriental y más meridional de las islas del archipiélago. Ellos escalaron sus abruptos flancos. Desde la cima del Pico Alto distinguieron otra isla más grande, a la que pusieron el nombre de San Miguel. Y después una tercera, que recibió por ello la denominación de Terceira. Todo un archipiélago desperdigado cual las perlas de un collar roto sobre una extensión de más de 800 kilómetros de océano que ellos reseñaron, reconocieron y bautizaron poco a poco y que a su regreso describieron como ásperas y rocosas islas, invadidas por vapores y sobre las que se cernían enormes cernícalos que tomaron por buitres. Muitos açores povoan estas ihlas, explicaron ellos. Y así el archipiélago conservó el nombre de sus pájaros: los açores. Más adentrada en la lejanía del mar se encuentra la Ilha das Flores, con sus barrancos llenos de helechos y de flores, centro de la rosa de los vientos acuáticos, que alcanza en aquel lugar supremo equilibrio[257].

El que trajo a mi padre fue el primer Rendoll, que eran parientes, por el lado Gomes. Mi padre era alto, buena pinta, ojos celestes, refiere don Sergio dos Santos Aprá. António dos Santos fue un activo participante de la Sociedad de Beneficencia Portuguesa, y varios períodos vicepresidente de la misma.

---

[257] D. Ogrizek (1957). Págs. 371 y siguientes.

Fig.3.21.Sergio dos Santos Aprá en 2010 con el entonces alcalde de Sabrosa Sr. José Marques. Cortesía de la familia.

Del matrimonio con Ángela Aprá nacieron Sergio, Luisa y Margot dos Santos Aprá (Figs. 3.22). António dos Santos falleció en 1952 y se encuentra sepultado en la bóveda de la Sociedad de Beneficencia Portuguesa, al igual que su esposa, fallecida en 1985. Luisa se encuentra radicada en Santiago y Margot en Copiapó. Los hijos de don Sergio son Marianella, Marisol y Sergio, y tiene muchos nietos y bisnietos.

Fig. 3.22. Luisa y Margot dos Santos Aprá en foto probablemente tomada en los años de 1960.

Toda la familia tiene la nacionalidad portuguesa, con su respectivo carnet portugués, manifiesta Marianella sin poder disimular su orgullo.

dos Santos Souza[258]

Los hermanos José Luis y Maria José dos Santos Souza, naturales de Ponta Delgada, en la isla de São Miguel de las Açores, llegaron el 9 de mayo de 1896. Hijos de José Luis

---

[258] Relatos de la Sra. Josefa dos Santos Ruiz y del Sr. Mario Scott dos Santos.

dos Santos e Lima (Fig. 3.24) y Antónia Jesus de Souza Moura-Chaves (Figs. 3.25), ella tenía dieciséis años de edad, él catorce.

Fig. 3.24. José Luis dos Santos e Lima y reverso del retrato. Cortesía Sr. Mario Scott dos Santos.

Fig .3.25. Antónia Jesus de Souza Moura-Chaves. Cortesía Sr. Mario Scott dos Santos.

Casi unos niños, se vieron obligados a emigrar de Portugal (Fig. 3.26). Aquí los esperaba su tío, el marinero João de Souza Bettencourt, llegado ocho antes de la Ilha Graciosa del archipélago de Açores. Éste era hijo de João José Souza da Cunha y Maria Joaquina de Bettencourt.

Fig. 3.26. José Luis y María José dos Santos Souza con sus padres, aún en Portugal. Cortesía Sr. Mario Scott dos Santos.

Relata Josefa dos Santos Ruiz, nieta de José Luis:

Mi abuelo venía escapando del servicio militar. En Europa en ese momento había muchos problemas, y a los catorce años ya los tenían enrolados. La bisabuela Antónia vino después, con el bisabuelo José Luis, quien falleció en 1898 en Punta Arenas. El tío João fue quien llevó a mi abuelo a ser marino mercante y en algún momento también cazador de lobos marinos.

Ellos venían de una familia bastante acomodada en Portugal, pero cuando llegaron aquí no tenían nada de nada, tuvieron que empezar de cero (Fig. 3.27). Mi abuelo fue marino mercante durante su juventud, sé que en barco hacía un recorrido de Punta Arenas a las Malvinas. Y que anduvo en el vapor Amadeo también un tiempo. Hasta que después no pudo trabajar porque era enfermo cardíaco. Después le decían "tinterillo" porque redactaba documentos. Se dedicó a bordar estandartes, él y su hermana, la María José. Dicen que bordaban con hilos de oro, creo que en la escuela Portugal hay algunos de esos estandartes. En sus últimos años tejía en una máquina redonda calcetines para los equipos de fútbol.

Fig. 3.27. La familia dos Santos Souza reunida en Punta Arenas. Atrás María José dos Santos Souza y José Luis dos Santos Souza. Adelante, de izquierda a derecha: Antónia dos Santos Gomes, Antónia Jesus de Souza Moura-Chaves (madre de los hermanos dos Santos Souza), António Luis dos Santos Gomes, Arcélia Gomes Barbeito (esposa de José Luis). En brazos, Josefa dos Santos Gomes. Cortesía Sra. Josefa dos Santos Ruiz.

Refrenda Mario Scott dos Santos, primo de Josefa y también nieto de José Luis:

Por lo que contaba mi mamá, o cosas que me recuerdo que contaba el abuelo cuando íbamos para su casa, yo lo veía ahí tejiendo las medias para los futbolistas, o hilando lana, siempre me recuerdo de esa máquina porque era toda de madera, la trajeron de Portugal, no sé dónde habrá quedado.

Fig. 3.28

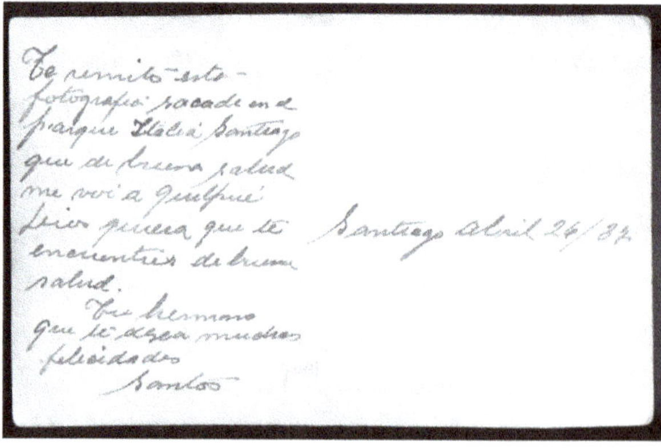

Fig. 3.29

Mi mamá decía que el abuelo siempre viajaba a trabajar al norte, especialmente Santiago (Figs. 3.28 y 3.29). *Hay una foto en que dice que estaba en la terraza de la casa "de mi patrón". Mi abuelo contó una anécdota, una vez que se hospedó en Santiago, había una señora ahí que era la dueña, parece. Ella estaba inválida, sentada en silla de ruedas, y mi abuelo tenía que ir a Quilpué. Esta señora le comentó que había unas aguas en Quilpué, o en los alrededores, que eran benditas, milagrosas. Que si ella se bañaba en esas aguas se iba a recuperar. Le pidió a mi abuelo que le trajera de esas aguas. Había en ese tiempo unas garrafas grandes de vidrio, de 20 litros. Cuando mi abuelo regresó a Santiago, se acordó del encargo. Así que se consiguió unas garrafas y las llenó en el parque con una manguera y se las llevó a la señora. Ella quedó muy agradecida, y mi abuelo a los pocos días regresó a Punta Arenas. Pasó el tiempo y tuvo que volver a Santiago, fue al mismo hotel, ¡y la señora le salió a abrir la puerta! Entonces mi abuelo decía, "¿ven lo que hace la fe?".*

La María José hacía clases en la Escuela Vocacional de Niñas, enseñando costura. Sé que era muy mal genio, muy dura, relata Josefa dos Santos: *mi abuelo era todo lo contrario, muy amoroso. Ella nunca se casó, fue siempre sola. Mis hermanos, que eran mayores, le tenían miedo. La última de los dos Santos fue mi tía Antonia, que vivía en Jorge Montt. Ella falleció hace un par de años, a los noventa y tantos. Los abogados le tenían miedo a la María José,* agrega Mario Scott, *porque defendía a la gente que los ricos les querían quitar sus tierras, con estafas. "Cuidado con la portuguesa", decían. Ella tejía, le bordaba a la Sara Braun. Hacía cosas bellísimas. A mi mamá le encantaba ir a acompañarla, se llevaban muy bien. Se lo pasaba donde su tía, era muy cariñosa. Hablaban todo en portugués, mi mamá hablaba muy bien, todo lo aprendió con su tía.*

Yo nunca lo escuché hablar en portugués a mi abuelo, dice Mario. *Era un viejito adorable, muy bueno, sencillo, salía a comprar y llegaba con la mitad de las cosas. Si compraba un queso, llegaba con la mitad del queso porque lo iba repartiendo por el camino, a los niños que estaban jugando a la pelota, así le iba sacando pedazos* (Fig.3.30).

Fig. 3.30. José Luis dos Santos y su esposa Arcélia Gomes, en sus últimos años. Cortesía Sr. Mario Scott dos Santos.

Agrega Josefa: *La familia de mi abuelo era muy católica, muy de Iglesia. Pero él odiaba a los curas. En esa época, cuando alguien se moría iba la carroza con el cura adelante hasta el cementerio. Él siempre le decía a mi papá "yo no quiero curas". Pero cuando estaba bien viejito le dijo "oye pelao, mejor lleva cura, si no te van a pelar mucho".*

Dice Josefa dos Santos: no sé si quedó familia directa en Portugal, de ellos no sé nada. Vino otra hermana de mi bisabuela que está sepultada acá, que se llamaba Mariana Jacinta de Souza Moura-Chaves. De ella no sé nada, no tengo su historia. No he ido a Portugal, dice Josefa, *pero me encantaría ir. Ponta Delgada lo veo en el computador, debe ser maravilloso. He visto como era antes, como una caleta pesquera, una cosa pequeña, y como está ahora, es maravilloso. Había como un barrio dos Santos, pero familia dos Santos, no sé.*

Reflexiona Mario: *Toda esta gente que se vino a estos países, ¡qué empeño tenían!, la vida era durísima.*

Aparentemente no existen registros oficiales sobre la fecha en que se comenzaron a plantar los hermosos cipreses que engalanan la principal plaza de la ciudad -los primeros de Punta Arenas-, la plaza Muñoz Gamero. El dato se encontró por casualidad en una Biblia portuguesa que perteneciera a la familia dos Santos Souza, en que había una anotación escrita a tinta: *Plantaram a primeira arvore em Punta Arenas. 11 de Septiembre de 1902* (Figs. 3.31, 3.32 y 3.33)[259].

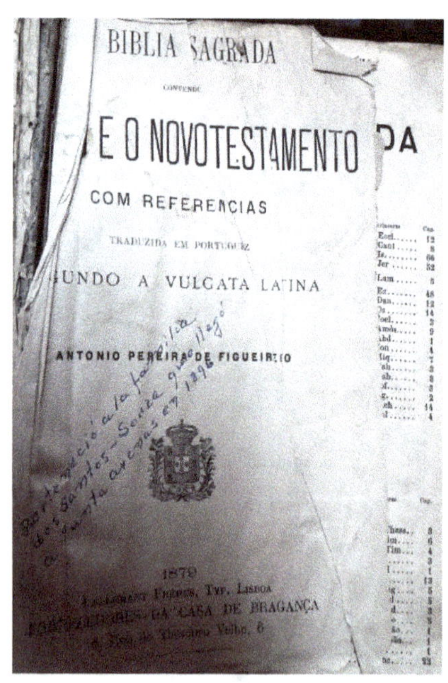

Fig 3.31

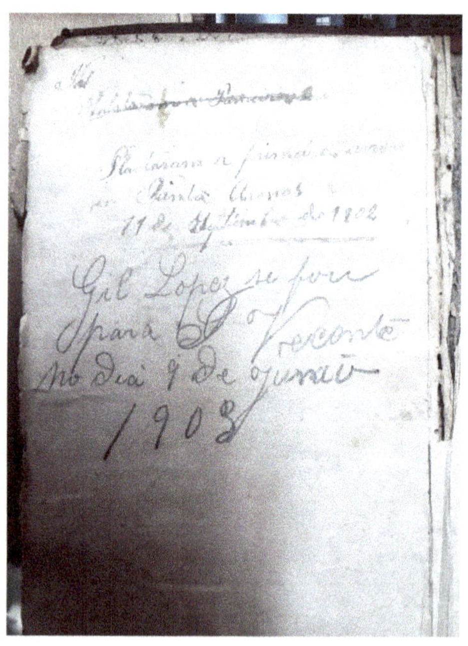

Fig.3.32

---

[259] Esta Biblia se encuentra sobre una mesa de noche de una casa pionera que forma parte del Museo del Recuerdo del Instituto de la Patagonia.

Fig, 3.33. Plaza de Armas de Punta Arenas, con sus cipreses recién plantados (1902).

Los hermanos José Luis y Maria José dos Santos Souza habían llegado en 1896, casi unos niños, con una Biblia en su equipaje.

Fortes Lima

Sergio Fortes Marshall (Fig. 3.34) es un gaucho patagónico, y lo luce con orgullo: siempre viste el atuendo característico, tiene una tienda de aperos y artesanía campesinos (Fig. 3.35), ha sido concejal de la comuna rural de Río Verde. También asador de vaquillas con cuero, amansador, y es nieto de Eusebio Fortes Lima, quien llegara en 1911 proveniente de São Vicente de Cabo Verde (Fig. 3.36)[260].

Fig. 3.34. Sergio Fortes Marshall.

Cabo Verde deriva su nombre de las rocas cubiertas de un musgo color de jade, que aparece después de las lluvias diluvianas, bien pronto amarillento y seco por los primeros rayos del sol y por el ardiente viento procedente del Sahara. Son las islas

---

[260] Consulado de Portugal. *Matricula dos Sidadões Portugueses* 1914 - 1934. Cortesía familia Vicente Blocker.

morenas, oscuras, color de lava y ceniza. Durante las cálidas noches, mientras la resaca azota las pedregosas playas y baten los enormes pájaros sus pesadas alas, se oye elevándose en todos los caminos la voluptuosa queja de las "mornas", esas canciones de Cabo Verde dolientes, atractivas, inolvidables. Islas de la tristeza, de los poetas, llenos de una salvaje y melancólica inspiración, totalmente acorde con el sombrío paisaje[261].

Fig. 3.35. Logo de la tienda de Fortes.

Relataba Sergio en 2019:

Mi abuelo vino con su hermano y otra persona más. Se quedó en Natales, trabajando en el Frigorífico Bories (Fig. 3.37). *Vino en un barco, por lo que me contaba mi papá, en que venían como dieciséis portugueses. De Natales se desparramaron. Mi abuelo formó su familia en Natales, y por lo que me cuenta mi hermana mayor y mis primas, hay dos o tres descendientes de los otros portugueses en Natales. Los apellidos no los sé.*

Fig. 3.36. São Vicente de Cabo Verde, a comienzos del siglo XX.

Mi abuelo tuvo cuatro hijos. Se enfermó, dijeron que era lepra -se le caían pedazos de su cuerpo-, y de Natales lo enviaron a la Isla de Pascua (Fig. 3.38)[262]. *Mi abuelo se sanó, yo creo que no era lepra. Dicen que ahí tenía familia de nuevo, yo creo que debe haber*

---

[261] D. Ogrizek (1957). Págs. 371 y siguientes.
[262] En aquel tiempo el único leprosario de Chile se localizaba en Isla de Pascua.

más Fortes. También en Argentina yo he visto en la agenda telefónica que hay bastantes Fortes. Mi abuelo tenía un hermano, o más hermanos. De ahí los que vinieron capaz que se largaron para Argentina.

Fig. 3.37. Frigorífico de Puerto Bories (1920).

Mi papá se llamaba Juan Fortes Oyarzún, falleció hace como ocho años. También trabajó en el Frigorífico Bories, me contaba que trabajó en los cueros. Después se fue a trabajar al Turbio, aprendió a amansar, y en esos tiempos amansaban para arrastrar los durmientes para los rieles.

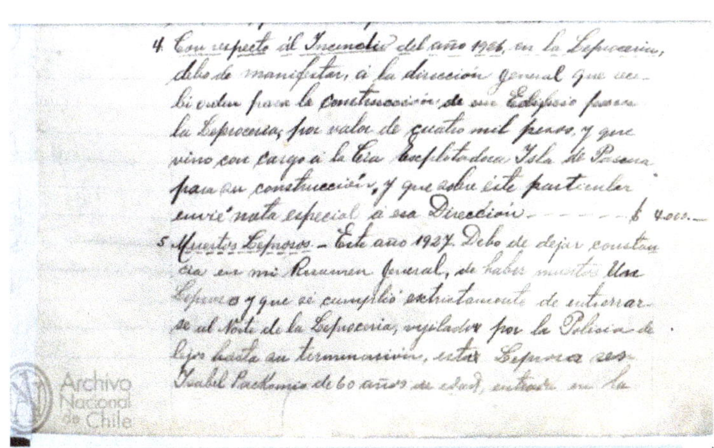

Fig. 3.38. Tomado del Resumen General del año 1927 en la Isla de Pascua, del Subdelegado Marítimo Carlos Recabarren. Archivo Nacional de Chile.

Yo nací en Punta Arenas, pero nos fuimos a Natales. Mis hermanos nacieron en Natales. Nos volvimos a Punta Arenas cuando yo tenía como seis años. Fuimos 12 hermanos, fallecieron dos chiquititos cuando nacieron, después falleció otro más y quedábamos nueve. Ahora quedamos cuatro.

Me encantaría conocer Portugal. Me encantaría[263].

---

[263] Relato personal del Sr. Sergio Fortes Marshall.

Gomes da Motta

El marinero Joaquim Gomes da Motta arribaba a Punta Arenas en 1887, proveniente de la aldea de *Urzelina* (Fig.3.39), localizada en la *Ilha São Jorge* de las Açores. El nombre alternativo de *Urzelina* es *São Mateus*. Era hijo de Manuel José da Cámara y de Maria Severina da Motta Siqueira. Originalmente llamado Joaquim da Cámara da Motta, no está

Fig. 3.39. Urzelina en 1910.

claro el porqué de su cambio del apellido paterno, quedando como Gomes y luego castellanizado a Gómez (Fig. 3.40). Casado con Tránsito Barría Maldonado, la cual curiosamente figura en los registros oficiales como María del Tránsito Garrido (Fig. 3.41). Es así como la cuarta hija de la pareja fue inscrita en el Registro Civil el 14 de julio de 1895 como *María Delfina Gómez i Garrido*, lo que más adelante fue corregido (Fig. 3.46). Los hermanos de Joaquim Gomes da Motta fueron -otra curiosidad- Anna Josefa da Cámara da Motta[264], Manuel Gomes da Motta y Lourenço Gomes da Motta[265]. Es posible que la madre, Maria Severina, se haya casado dos veces. No se entiende, eso sí, que Joaquim se haya cambiado el apellido pero en fin, eso no es lo esencial.

Fig. 3.40. Joaquim Gomes da Motta o Joaquim da Motta da Câmara. Cortesía Sr. Erigardo Mansilla.

---

[264] Para mayor confusión para la historia familiar, firmaba su correspondencia como *Anna Josefa da Motta*.
[265] Archivos familiares, cortesía Sr. Joaquín Monsalves Novakovic.

Los hijos de Joaquim y Tránsito fueron Rosa, Amelia, Francisca, Mercedes, María Delfina, José y María Joaquina Gómez Barría (Figs. 3.41 a 3.46).

Fig. 3.41

Fig. 3.42

Fig. 3.41. Joaquim da Motta da Câmara con su esposa Tránsito Barría Maldonado y su hija Amelia. (1882). Cortesía Sr. Erigardo Mansilla.

Fig. 3.42. Joaquim da Motta da Câmara con sus hijas María Delfina, Amelia y Francisca. Cortesía Sr. Erigardo Mansilla.

Fig. 3.43.

Fig. 3.44.

Fig. 3.43. Amelia Gómez Barría. Cortesía Sr. Erigardo Mansilla.

Fig. 3.44. Francisca Gómez Barría. Cortesía Sr. Erigardo Mansilla.

Fig. 3.45

Fig . 3.46

Fig. 3.45. Mercedes Gómez Barría. Cortesía Sr. Erigardo Mansilla.
Fig. 3.46. María y Amelia Gómez Barría. Cortesía Sr. Erigardo Mansilla.

A ellos les sucedió una numerosa prole, de los cuales pocos quedaron en Magallanes. Sólo permanecen en estos australes territorios Alicia Monsalves Colivoro, (casada con Marcelo Canobra y nieta de María Delfina), y su hija Magdalena Canobra Monsalves. Uno de los bisnietos de los fundadores de la familia en Chile y primo de Alicia, Joaquín Monsalves Novakovic, me escribe desde San Fernando: *Los descendientes de Joaquim Gomes da Motta vivieron en Punta Arenas hasta los años de 1950. Vivían los hijos de Mercedes, María y José; la tía Amelia y la tía Francisca se trasladaron a Santiago y La Ligua, respectivamente. Mi padre Joaquín Monsalves Gómez, mi tío Germán -papá de Alicia- y mi tío Mario vivíamos en Punta Arenas. Unos nos trasladamos al norte y mi tío Mario a la zona de puerto Montt, quedando sólo mi tío Germán en Puerto Natales. Así es como migramos de nuestra tierra amada*[266].

Urzelina era un aldea campesina y pobre, sus habitantes eran gentes sencillas y buenas y, en general, con una muy baja escolaridad. Joaquim recibía cartas de su familia, dictadas a alguna vecina de buena voluntad, que aún con errores ortográficos, lograba transmitir las emociones de quienes lo amaban y añoraban. Él mismo, sin embargo, ya sea por indolencia, o por vergüenza de tratar de conseguir a alguien que escribiese por él, al parecer no era un gran contestador. Atesoró las cartas, eso sí, las cuales nos permiten asomarnos a su vida[267].

---

[266] Relato personal del Sr. Joaquín Monsalves Novakovic.
[267] Cortesía Sr. Joaquín Monsalves Novakovic.

Selecciono algunos párrafos de la misiva de su padre, fechada el 13 de junio de 1884 (Fig. 3.47).

Meu Saudozo Filho Joaquim:

(...)

Ahora doy a saber a mi saudozo hijo que recibimos la suya para nosotros tan estimada y tan deseada carta con fecha 15 de marzo que mucha alegría nos vino a dar y por ella supimos que estabas bien de salud lo que nos da consuelo ya que no te podemos ver. Siempre nos gustaría que nos escribieses más a menudo para no estar siempre con el corazón en ansias. Si no tuvieses quien te escriba portugués, escribe como pudieras, aunque sea francés o inglés, porque aquí siempre hay quien sepa leer.

(...)

José Gomes hace ya una año y medio que le escribió a su familia y les mandó decir que ya no le escribiesen a ese lugar porque pensaba ir a Rio (...) un muchacho dijo que te conoce que tú tienes una tienda de bebidas y José Gomes le contó todo respecto de ustedes y que él trabajaba como zapatero y hasta que te compró un instrumento por treinta pesos. Como no creían, el muchacho le contó las cantigas que José cantaba, y así él supo que el muchacho le decía la verdad, y que también el hijo del señor Antonio Viheira [sic] y el de

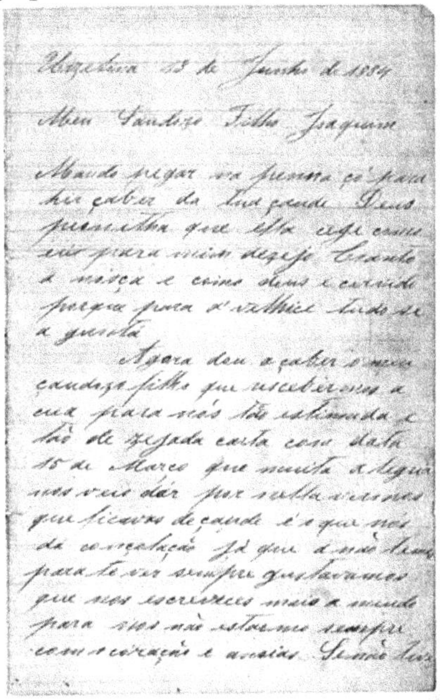

Fig. 3.47 Primera hoja de una carta de su padre para Joaquim Gómes da Motta (1884). Cortesía Sr. Erigardo Mansilla.

Manoel Lambadinho que están en Rio de Janeiro mandan decir que están en el mismo hogar, y por eso te escribimos.

También tu madre se pasó todo este año pagando promesas, y si tuviese una carta tuya luego, el mismo día que la recibiéramos iría a encender un cirio a la Sra. dos Milagros y en el día de su festividad iría a tirar unos cohetes.

(...)

Recibe el corazón saudozo de este tu padre y madre y que nuestra bendición te damos todos los días y recibe besitos de tus hermanas.

Manuel José da Cámara

Fechada el día siguiente, le escribía una de sus hermanas:

Meu Saudozo Manu Joaquim.

(Te escribo) para saber de tu salud, que si fuese como lo deseo, no podría haber mayor consuelo para mí y mi padre y mi madre como Dios es servido.

(...)

Joaquim, te voy a hacer un pedido aunque con mucha vergüenza y también porque mi padre y madre no quieren, más como van a recoger las cartas del correo pedí a una amiga mía que me escribiese estas dos letras (...) me parece que no me darás mala respuesta ni es para que quedaras mal conmigo que quería que te acordaras de nuestros padres que tanta mala vida llevaron para criarte, si Dios te tiene deparada alguna cosita que no te olvides de nosotros que somos tres (...) yo que gano algún veinte haciendo puntos a las medias bien te puedes acordar como es nuestra vida. Si no fuese por alguna personas que nos han hecho algún bien no sé qué sería. Dios te dé mucha muchas felicidades y un buen corazón para con nuestros padres. Porque mi padre después que se cayó no puede hacer nada nunca más ganó nada mi madre siempre está complicada y yo peor porque tú bien sabes (...) desde que Bárbara y Lourenço se fueron aunque yo hago el trabajo de la casa y acarreo agua (...) pero no es por tener fuerzas es por verme obligada Joaquim no te olvides. Dios te dé buen corazón y si no puedes mandar mucho manda poco porque para no tener más vale poco que nada. (...) Manda decir el resultado de José Gomes porque la mujer está muy afligida porque tú no mandas noticias de él porque siempre andaban juntos y tienen que saber el uno del otro (...) que un hombre desprecie a su familia sin tener motivos por eso mándame decir él donde está para que ellos queden tranquilos. Hasta algún día si Dios quiere

tua mana

Anna Josefa da Motta

¿Qué habrá sido de José Gomes, su coterráneo y amigo, y quien tanta tristeza provocaba a sus padres por haberlos echado al olvido? Ese mismo año Joaquim recibía carta fechada el 30 de agosto de su hermano Manuel desde los Estados Unidos, en donde se encontraba con su otro hermano, Lourenço:

Plymouth, agosto 30 de 1884.

Meu saudoso manu, espero que al llegar ésta goces de buena salud. Yo y Lourenço gozamos de buena salud, gracias a Dios.

(...)

Estoy siempre trabajando en tierra, he ganado bastante dinero y las cosas ahora están muy buenas, tanto en tierra como en mar (...) si vinieras ganarías bastante dinero, tanto en tierra como en mar las soldadas son de 30 y de 35 pesos. Estoy ganando de dos a dos pesos y medio por día con Augusto Gomes. Él está recomendado contigo, entonces si quisieses venir hasta aquí espero que te vengas. En caso que quieras venir mándame decir y en cuánto tiempo puedes llegar, espero que me escribas si no quisieras venir espero que también me escribas.

(...)

Nada más con mil saudades de Lourenço de Barbara y mías para contigo hasta la vista este tu mano que te estima y que desea verte Manuel Gomes da Motta esta es mi dirección si me quisieses escribir.

NM
South Vatere
St Neu Bedford

¿Qué podrían estar haciendo en New Bedford dos jóvenes hermanos portugueses de las Açores, que no fuese hacer lo que sabían hacer y que habían aprendido creciendo entre la tierra y el mar? La respuesta se infiere con facilidad, puesto que allí se encontraba una de las principales industrias del mar: la ballenera, siempre ávida de contratar para sus duras faenas a hombres jóvenes, sanos y fuertes, con experiencia marinera por añadidura (Fig. 3.48).

Fig. 3.48. Embarcaciones balleneras en el puerto de New Bedford. Grabado basado en una fotografía de T. W. Smillie.

Según el cronista de la BBC Mike MacEacheran *(...) El centro de la ciudad, un sitio casi olvidado junto al río Acushnet, es una reliquia de su apogeo durante el siglo XIX y se conserva como un monumento a la historia y como un peculiar recordatorio del ascenso y la caída de la ciudad. Los muelles y las calles de adoquines todavía bullen con vida local, pero si se araña bajo la superficie hay verdades más oscuras y más incómodas que acechan en cada esquina. Porque New Bedford no es una ciudad cualquiera. Si la visitas, te enterarás de que una vez fue la ciudad más rica per cápita de América del Norte. Pero también escucharás decir que los hombres allí tuvieron 100 veces más posibilidades de morir que en cualquier otro lugar y que las calles alguna vez estuvieron cubiertas de grasa y de sangre.*

Sus actuales habitantes se vanaglorian de que alguna vez New Bedford fue *la ciudad que iluminó al mundo,* por la enorme producción de aceite de ballena, preciada entonces de ser un combustible que, para las lámparas, ofrecía la luz más inodora y brillante[268].

El *New Bedford Whaling Museum* posee registros de todas las embarcaciones que por aquellos años se dedicaban a la caza de ballenas, en que constan sus características y los nombres de sus tripulantes con sus respectivas nacionalidades. Los portugueses eran muchos, pero entre ellos no figuran los hermanos Gomes da Motta, por lo que es probable que sus empleos se hayan desempeñado en tierra.

Pero pese a lo tentador del ofrecimiento de su hermano, Joaquim Gomes da Motta prefirió quedarse en su amado Magallanes.

Gomes Furtado

El primer inscrito en el libro de *Matricula dos Sidadões Portugueses* del consulado, abierto en 1914, resultó ser Francisco Gomes Furtado, arribado el 8 de octubre de 1878, proveniente de *Ilha das Flores*, según habíamos visto. Casado con la también portuguesa Maria Leopoldina Sousa da Silveira, me informa su bisnieta Sra. María Angélica Dollenz Ojeda (Fig. 3.49), profesora de educación general básica con mención en matemática y ya retirada como orientadora educacional y vocacional de la escuela -otra no podría ser- Portugal. Cabe aquí también destacar la faceta de cronista histórica de María Angélica, con múltiples publicaciones en el suplemento dominical del diario La Prensa Austral, referidos a la inmigración portuguesa y con notables reseñas sobre los establecimientos educacionales de Magallanes. Ha logrado demostrar, con sus pesquisas, que la escuela Portugal es una de las más antiguas de Chile.

Relata María Angélica Dollenz, refiriéndose a Francisco Gomes: *Su hija -mi abuela- Ana Gomes Sousa se casó con Eduardo José Dollenz Mosser. De ellos nació mi papá, Luis Ismael Dollenz Gomes, trabajador de CORFO y pionero de ENAP, quien se casó con Luisa Elvira Ojeda Díaz, mi madre.* Confirmando la interrelación entre muchas familia magallánicas, en este caso entre portugueses, María Angélica me cuenta que *(...)*

---

[268] M. MacEacheran (2018). *New Bedford, la olvidada ciudad de Estados Unidos que alguna vez "iluminó al mundo".*

soy pariente de los Rendoll, ellos eran primos hermanos de mi papá. Mi abuela era hermana de la abuela de los Rendoll Balich.

Fig. 3.49. María Angélica Dollenz el día de su boda. De izquierda a derecha: Leonor Caillett (madre del novio); Luis Dollenz Gómes (padre de la novia); Edgard Saavedra Caillet (el novio); María Angélica Dollenz Ojeda (la novia); José Saavedra (padre del novio); Luis Ojeda Díaz (madre de la novia); Ricardo Dollenz Ojeda (hermano de la novia).

La familia del inmigrante Francisco Gomes Furtado creció en su residencial de calle Talca[269].

A mayor abundamiento, cabe destacar que Francisco Gomes Furtado y su esposa Maria Leopoldina procrearon también a Flora -casada con un Simpson-, Mercedes –casada con López-, María -casada con el portugués Carrayola-, Virginia -casada con Eduardo Rendoll Tavares-, Esmeralda -casada con Sobral-, Rosa -casada con otro Rendoll- y Constantino Gomes Sousa, luego castellanizados como *"Gómez"*. Uno de los Rendoll Gómez fue el destacado deportista Óscar Rendoll, sobre quien me refiero más adelante.

Pinto de Sousa

José Nelson de Sousa Pinto es el único inmigrante portugués vivo nacido en tierras lusitanas (Figs. 3.50, 3.51 y 3.52). En efecto, nació en São Martinho de la isla Madeira en 1983. Su madre es Maria Elisabeth Freitas Sousa. Su padre, fallecido cuando José tenía un año de edad, era José Manuel Pinto Freitas. Su padre adoptivo nació en Almada, al sur de Lisboa, y su nombre es José Nelio Pinto Freitas, lo cual no es pura coincidencia, ya que eran primos. Sus hermanos menores son Marcos, Marta y Sandra.

Apenas sí hay en el mundo asilo más tierno y romántico. Un cielo puro, un mar tibio, mil perfumes. Afirmaba Camões que por Madeira olvidaría Venus fácilmente a Chipre, Cnide, Paphos y Ceterea. A su descubrimiento hallábase cubierta de espesos bosques, a los que debía su nombre. Los colonos que allí fueron a instalarse a mediados del siglo XV no encontraron más ser viviente que los pájaros de las arboledas, los

---

pescados y los moluscos de las orillas y también enormes lobos de mar, que se apretaban contra la cálida arena de la playa. Ellos introdujeron animales de Europa; pero la pareja de conejos que allí dejaron se multiplicó hasta tal punto que pronto los roedores constituyeron un peligro para la isla, y hubo que entablarles una lucha a muerte. Se le prendió fuego a la selva para diezmarlos, y el incendio devoró toda una ladera de la isla. Para escapar a él tuvieron los hombres que refugiarse en el mar o en un río que aún hoy conserva el nombre de "Rio dos Socorridos"[270].

Hombre de múltiples oficios, José trabajó en el Hotel *Bahia Azul* en São Martinho, y luego en Residencial *Chafariz* en Funchal[271]. Fue aquí, donde era recepcionista, que conoció a la turista magallánica Alejandra Oyarzún. Transcribo su testimonio:

Yo estaba bien, tranquilo, y en 2011 conocí una señora, y durante cuatro años estuvimos en contacto. Me agradó la mujer, y decidí venir, para saber. Mi familia no

Fig. 3.50

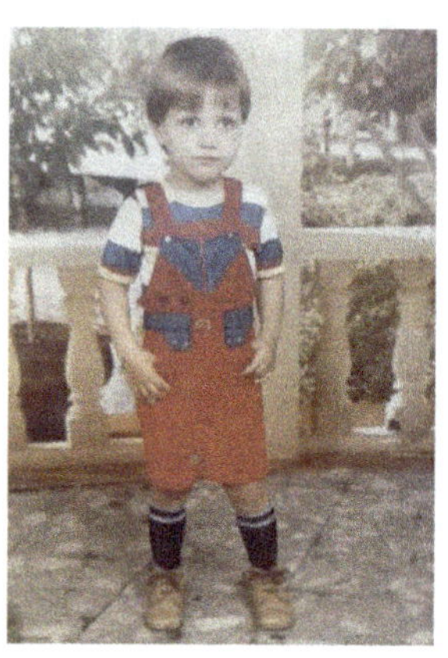

Fig. 3.51

Fig. 3.52

Figs. 3.50 - 3.52. José Nelson de Sousa Pinto en su infancia en Madeira. En la tercera imagen aparece con su madre, Maria Elizabeth Freitas Sousa.

quería que yo viniera para acá, porque era Sudamérica, que tenga cuidado. Me lancé no más, pero con pasaje de ida y vuelta. Estoy desde el 29 de enero de 2015.

Cuando llegué mi suegro me decía "anda a pasear", porque yo estaba en la casa, no quería salir, por el frío, ¡y era enero! Después supe lo que era el frío[272].

Las cosas no le fueron fáciles, al comienzo. Es más, su relato es de tono amargo, por las múltiples trabas a que se vio enfrentado, pero supo superarlas. El amor es más fuerte.

---

[270] D. Ogrizek (1957). Págs. 361 y siguientes.
[271] Capital de Madeira, adosada a São Martinho.
[272] Relato personal Sr. Nelson de Sousa Pinto.

Estuve en Zona Franca lavando autos. No me pagaban, porque no tenía papeles. De todos los papeles que traje, ninguno me sirve. Para sacar licencia de conducir, tenía que tener certificado de 4° medio. Yo tenía todos los antecedentes que traje de Portugal, todos los papeles: de estudios, con todos los timbres del Ministerio de Negocios Extranjeros, los mostré y me dijeron que no podían saber si eran de verdad o falsos. "no tenemos convenio con Portugal, si tú fueses español no tendríamos ningún problema". Así que me fui al liceo Luis Alberto Barrera. Estuve un mes estudiando, hice la prueba, y pasé con 5,5. Con eso fui y me dijeron "ya, ahora sí". En Portugal la escuela de conductores tiene interrelación con la municipalidad, acá no, tienes que pedir hora. Estas cosas hay que modificarlas, despacito.

Fui a Extranjería a que me hagan la tarjetita. Me dijeron que necesitaba tener contrato de trabajo de un mes, luego de tres meses y después indefinido. Como no lo tenía, me preguntó "¿pero no conoces a nadie que te pueda hacer un contrato indefinido, aunque no trabajes?" Yo pensé que me quería tender una trampa. Hablé con mi señora, que conoce a la dueña del café de la terraza de Zona Franca, porque trabajó en la librería Entrepáginas. Hablamos con ella y me dijo "bueno, yo te contrato, pero vienes a trabajar". En Extranjería encontraron todo perfecto, me dieron la visa temporal de residente, pagando por 30 meses como 200 lucas. Así que estuve trabajando al principio cuatro horas diarias, sacando café. El tiempo fue pasando, y a la señora le gustó mi trabajo, después estuve atendiendo las mesas, y después de un tiempo renuncié. Mi suegro me consiguió entrar a la lanera, ahí estuve cinco años. Entré como operario, a los cinco meses ascendí a mecánico. La lanera cerró, finiquitaron a toda la gente.

Con esa platita estoy terminando de construir mi casa[273], *mi suegro tiene una parcela camino al Andino, me dio un sitio. Hay luz, pronto llegará el gas. Ahora trabajo en Laredo, en una filial de ENAP. Lo que se hace cuando atracan los buques es amarrar, y con la manga llenar de combustible. De repente salir a Posesión, a los terminales que hay allá, reparar las defensas de los buques, hacer toda la mantención, en eso estoy yo. Gracias a Dios estoy bien, pero me costó, eso sí.*

José rememora las dificultades que tuvo que soportar por la burocracia, tanto portuguesa como chilena. Su relato es casi kafkiano:

A mí lo que me cuesta aceptar es la diplomacia de Portugal, acá con Chile no sé qué pasa, somos hermanos, tenemos una amistad larga, eso no lo estoy evaluando. En 2015 no tenía trabajo, llamé a la embajada de Portugal, conversé con una funcionaria diplomática[274], *y me dijo "tú allá en Punta Arenas, me gustaría saber si hay portugueses en Magallanes. Aquí sólo sabemos de los portugueses que hay en Santiago (...) no podemos ayudarte en nada, sólo te podríamos ayudar si hay una guerra entre Portugal y Chile".*

---

[273] Entrevista en 2023.
[274] José no recuerda su nombre, ni su cargo.

"Ah, muchas gracias", le dije. Por eso me duele que las cosas no son como se dice. Allá, en España y Portugal, en las celebraciones de Magalhães se juntan, hacen compartir. Acá yo no veo nada. Lo mínimo es que si viene un portugués a Punta Arenas, que sean validados sus estudios, sus papeles. Me cuesta, cuando estoy mirando noticias, sobre las conmemoraciones de los 500 años, parece todo una belleza, para un portugués que viene para acá debiera ser fácil.

La salud, todos los meses se paga. Te atiendes en el hospital, bien, no importa que sea diez horas después, pero te atienden. No pagas casi nada. Pero si tienes la mala fortuna y te afecta un cáncer, tienes que pagar todo, millones. Pero pagaste todos los meses durante 40 o 50 años. En Portugal tú pagas lo mismo que acá, pero si te da un cáncer tienes todo gratis. Está asegurado todo. Aquí todos ayudan, hacen bingos, son más solidarios. Allá no, lo que podrían hacer es ir a darte fuerzas al hospital, pero poner plata, eso no. No se pueden mezclar las cosas. Yo doy las gracias, porque acá hay muy buena gente. Acá somos más humanos.

Convertido en un magallánico más, no olvida su origen:

Mis raíces siempre me llaman a mi país, especialmente de noche. Pero Dios me mandó acá por algo. A mi hija le pasaré todo mi humilde conocimiento histórico de la cultura portuguesa, para que siga bajo nuestra bandera en esta hermosa tierra chilena patagónica. Quiero que mi hija conozca bien Portugal, es mi responsabilidad como portugués.

Fig. 3.53. José Nelson de Sousa Pinto con sus hijastros Vicente Navarrete Oyarzún y Franco Navarrete Oyarzún, su esposa Alejandra Oyarzún y su hija Diana de Sousa Oyarzún. Cortesía del Sr. de Sousa (2018).

Se quedó, y valió la pena: tiene a su esposa Alejandra y a su linda hija Diana. Nunca ocupó su pasaje de vuelta.

Rendoll Tavares

Los Rendoll son descendientes de portugueses por ambas líneas. Según nos refiere el ingeniero civil industrial Pablo Rendoll Balich, su abuelo Eduardo Rendoll Tavares, nacido en 1889, llegó en 1907, con dieciséis años de edad. Originalmente su apellido era *Randoll,* era hijo de un escocés y una portuguesa, y por ser nacido en Cabo Verde llegó a Magallanes con pasaporte lusitano.

Los portugueses Gomes Furtado tenían una residencial en la calle Talca, como ya se mencionaba, y cuenta Pablo:

Se supone que ahí llegó mi abuelo, y se conoció con mi abuela Virginia, hija de los propietarios. Aparte de ella eran varias hermanas y un hermano: Mercedes, casada con Jorge López, abuelos de la nutricionista Roxana Perini López; Flora, casada con Alejandro Simpson; Esmeralda, casada con un Sobral, vive en Argentina; Constantino, quien no dejó descendencia; luego venían María, Rosa y Ana, casada con Eduardo Dollenz y abuelos de la profesora Ana María Dollenz. María o Rosa se casó con un hermano de mi abuelo Eduardo, y también eran Rendoll Gomes, que emigraron a Comodoro Rivadavia. Hay algunos descendientes, pero no tengo relación con ellos.

Del matrimonio de mis abuelos Eduardo Rendoll Tavares y Virginia Gomes Furtado nacieron Emilia, sin descendientes; Luisa, madre de María Virginia Cvitanic Rendoll; Oscar, padre de Oscar y Laura Rendoll Quiel; Eduardo, padre de Emilia, Eduardo, Pablo, Jorge y María Cecilia Rendoll Balich. Mi abuelo alguna vez tuvo un campo, pero no lo conoció porque nunca pudo llegar. Él era maquinista, tiene que haber llegado en alguna embarcación y se quedó acá, si no me equivoco era montepiado de la marina mercante. Parece que trabajaba en la goleta Diana, transportaban ganado y otras cosas. Falleció bastante joven, en la década de 1940, debe haber tenido poco más de cincuenta años.

Mi tía Emilia murió de no más de cuarenta y cinco años, de tuberculosis, en los años 40. El tío Oscar era profesor de educación física, hizo carrera en Panamá, jugó fútbol y fue entrenador de Unión Española, le apodaban el "Negro Rendoll"[275].

Concluye Pablo Rendoll: *Luisa falleció hace no mucho, y era la última, su esposo era carpintero, también fallecido hace no más de diez años.*

Vivíamos en esa pensión de calle Talca, la familia de mi papá vivía fundamentalmente en el campo, tenía un campo en isla Riesco desde 1954, que se perdió al cabo de treinta y cinco años[276].

---

[275] Relato del Sr. Pablo Rendoll Balich.
[276] Ibid.

ÓSCAR RENDOLL GÓMEZ

Me detengo en Óscar (Fig. 3.54), citando a la prensa de la época: *(...) entrenador de la selección de fútbol panameña y profesor de la Dirección General de Educación Física. La labor de este magallánico en la ciudad istmeña no puede ser más amplia. Antes Panamá era considerada la cenicienta en los deportes. Se jugaba solamente en dos provincias, pero ahora existen ligas organizadas en toda la República. Es el fruto de la labor de nuestro coterráneo*[277].

Según la información que me aporta María Angélica Dollenz, -y recabada por ella-, Óscar nació en 1916, hizo sus estudios en el Liceo Salesiano San José y en el Liceo de Hombres Luis Alberto Barrera de la ciudad de Punta Arenas. Estudió pedagogía en la Universidad de Chile, a la vez que se preparaba y estudiaba para ser técnico de fútbol en el Instituto Superior de Educación Física, siguiendo las huellas científico-humanistas de este establecimiento educacional.

Su carrera de técnico comenzó en Punta Arenas en el Club Deportivo *Liceo* en 1944, para luego pasar a entrenador del cuadro juvenil de la Unión Española en 1945. Vistos sus buenos resultados, al año siguiente pasó a ser Director Técnico de la Selección Nacional de Panamá, obteniendo el título de vicecampeón en el V Juego Olímpico Centroamericano y

Fig. 354. El destacado deportista Óscar Rendoll Gómez. Cortesía de Sra. María Angélica Dollenz Ojeda.

del Caribe celebrado en Barranquilla, Colombia. En 1951 volvió a dirigir a la sección de Panamá obteniendo el título de campeón en el Campeonato Centroamericano y del Caribe llevado a cabo en Panamá, lo que le dio acceso a participar en Campeonato Panamericano efectuado en Santiago de Chile en 1952.

---

[277] Recorte de prensa. Cortesía de Sra. María Angélica Dollenz.

Aparte de sus resultados como director técnico de equipos de fútbol, se destacó como conferencista en encuentros nacionales e internacionales; fue Presidente Honorario de la primera asociación de árbitros de Panamá; Vicepresidente en el Quinto Congreso Panamericano de Educación Física, Bogotá 1965; y muchos otros destacados méritos, largos de enumerar[278].

Vicente Rita

El primer Vicente en arribar al muelle verde de Punta Arenas fue José Vicente Rita, el 23 de febrero de 1904, a la edad de veinticuatro años, proveniente de Coimbra. Los recuerdos familiares de sus nietas se contraponen entre sí: según su hijo Américo, y por información transmitida a sus nietas María Teresa y Cristina, don José llegó a Punta Arenas a probar suerte, y después de un tiempo viajó a Holanda a buscar y casarse con su novia Margarita Blocker Pals. Su nieta Margarita Vicente Poklepovic, por versión transmitida de su padre, Pedro Vicente Blocker, sostiene que se vino tras una mujer, quien antes de viajar a Punta Arenas, le había dado indicios de amarlo. Tal vez por el tiempo transcurrido, o porque en realidad sus sentimientos no eran tan fuertes, ella se casó con otro, sin darle noticia a José, quien al llegar se encontró con la triste realidad. No obstante, ni corto ni perezoso, al poco tiempo se enamoró de una bellísima holandesita de ojos celestes, llamada Margarita Blocker (Fig. 3.55). Se casaron hasta que la muerte los separó, y tuvieron muchos hijos nacidos en Magallanes, algunos fallecidos pequeños (Fig. 3.56). Sin duda la segunda versión, aunque no fuese la verdadera, es más novelesca y romántica.

Fig. 3.55

Fig. 3.56

Fig. 3.55. La holandesa Margarita Blocker Pals en su adolescencia. Cortesía de familia Vicente.
Fig. 3.56. José Vicente Rita y su esposa Margarita Blocker con algunos de sus hijos. A la derecha de José su hermana Angelina (1912). Cortesía de familia Vicente.

---

[278] Información aportada por Sra. María Angélica Dollenz.

Coimbra despliega una avenida al borde mismo del río, un parque florido y seduce por sus calles empinadas, estrechas, dificultosas. Aquí y allá aparecen comercios de tejidos y de loza, tranvías con gentes que disputan. Decepcionaría este primer contacto a no ser por los estudiantes con levita y capa negra que deambulan por las aceras estrechísimas. Hay que lanzarse al laberinto de las calles transversales, descubrir la antigua iglesia de Santiago, con sus capillas labradas como colmenas. Hay que errar por las calles enlozadas, que huelen a legumbres, a pescado fresco, a piedra húmeda, con su escaparates a ras del suelo, sus calabazas, cesterías, arreos para caballerías. Se ven borricos, gatos, niños de nariz sucia, así como taberneros y campesinos con hopalandas, mujeres con pañalón negro comiendo en cacerolas de estaño, después de haber vendido el cerdo y comprado la sal, las almadreñas y un poco de sarga para hacerse unas faldas[279].

José Vicente Rita envió a buscar a sus hermanas: Angelina, quien llegó viuda de Manuel Antunes y se casó en segundas nupcias con Indalecio Fernández[280], y Maria Conceição, soltera. Además otra hermana se casó con Reinaldo Aldridge, administrador de la estancia *Gallegos Chico*. Angelina tenía una hija de su primer matrimonio, Maria Antunes Vicente (Fig. 3.57), quien se casó con Leonard Morgan, y el hijo de éstos es Jerry Morgan Antunes. *María era muy hermosa, y Leonard, durante su noviazgo la traía de vuelta a casa en un Borgward Isabella gris, impecablemente lustroso y bien cuidado*[281].

Fig. 3.57. Maria Antunes Vicente. Cortesía de familia Vicente.

Sobre Margarita Blocker relata su nieta Margarita:

---

[279] D. Ogrizek (1957). Págs. 175 y 176.
[280] Hermano de Eladio Fernández, quien fuese durante varios años el capitán del vapor "Amadeo" (dato aportado por la nieta de Eladio, Sra. Beatriz Rodríguez Fernández).
[281] Relato de Sra. Beatriz Rodríguez Fernández.

En el último parto tuvo una hemorragia que no se la podían controlar. Ella se dio cuenta y llamó a todos su hijos, y había venido la mamá de Jerry, la portuguesita, con otra hermana soltera. Llamó a todos, y les pidió a sus cuñadas que se hicieran cargo de sus hijos. Jerry estaba chico, mi papá tenía seis años, y se acordaba de eso. La abuela los llamó para despedirse. Las cuñadas, Angelina y Maria Conceição, se hicieron cargo. Angelina era casada, y la otra tenía novio, pero cuando le dijo que se iba a hacer cargo de ocho niños, él la dejó[282].

De tal modo, entonces, que las dos hermanas se convirtieron en las madrastras de ocho sobrinos huérfanos de madre, ¡y bien que cumplieron su misión! Los hijastros

Fig. 3.58

Fig. 3.59

Fig. 3.57. Carolina Vicente Blocker. Cortesía de familia Vicente.

Fig. 3.58. Otro de los hermanos Vicente Blocker, no tengo registrado su nombre.

crecieron (Figs. 3.58 y 3.59) y con la ayuda de su padre viudo, todos llegaron a ser unas buenas personas (Fig.3.60). Con el paso del tiempo los niños pasaron a adultos, a vivir sus

---

[282] Relato de Sra. Margarita Vicente Poklepovic.

vidas, y ellas se fueron quedando solas, pero no abandonadas. Sigue Margarita, refiriéndose a las hermanas de su abuelo:

Para nosotras, las tías eran como las abuelas, todos los domingo íbamos a visitarlas, todos los domingo les llevábamos un regalo y, de hecho, entre todos los hermanos Vicente les tenían una casa a ellas, les pagaban todo, eran como si fueran las mamás de ellos. El tío Américo, que era el que tenía un año cuando murió la abuela, creo que el bebé murió también[283], era como si fueran sus mamás. Iba todos los días a tomar la sopa donde las tías, y después se iba a su casa a almorzar. Eran divinas, las portuguesitas, hablaban todo en portugués. Nosotros entendíamos todo en portugués, por las tías que nos hablaban. Después supe que mi papá las había llevado de paseo a Portugal[284].

Refrenda desde Santiago Beatriz Rodríguez Fernández, sobrina nieta de Indalecio Fernández, refiriéndose a Angelina, su tía abuela política:

Cuando yo era chica íbamos a su casa en Sarmiento para Navidad, frente a una usina que había, y recuerdo su habla y el de su hermana. Un español portugués muy cerrado y difícil de entender. Era una viejecita bella de pelo blanco-lila[285].

Fig. 3.60. De pie: José Vicente Blocker, Pedro Vicente Blocker, Américo Vicente Blocker (imagen borrosa por movimiento), María Antunes Vicente. Sentados: Encarnación Vicente Rita, José Vicente Rita, Angelina Vicente Rita, Aurora Vicente Blocker (1930). Cortesía de familia Vicente.

Los hijos del patriarca de la familia Vicente eran José, padre de José Vicente, ingeniero civil que contrajo matrimonio con María Kusanovic, vive en Santiago y es

---

[283] En la memoria anual de 1915 del Administrador del Cementerio Municipal, don Esteban Navarrete, se da cuenta de la aprobación de la solicitud de *(…) doña María Josefa Dos Santos, por don José Vicente González, una sepultura personal para los restos del párvulo María Margarita Vicente Bloker* (Archivos Patrimoniales del Cementerio Municipal "Sara Braun")
[284] Relato de Sra. Margarita Vicente Poklepovic.
[285] Relato de Sra. Beatriz Rodríguez Fernández.

propietario de la empresa constructora *Ingeniería Civil Vicente*, y de Margarita, quien falleció en Argentina en un accidente automovilístico; Américo, quien se casó con Odette Salles, padre de María Teresa y Cristina; Pedro, padre de Margarita, matrona y microempresaria de comercio; Carlos, padre de Carlos, propietario de lavandería *Vicars*; Carolina, fallecida soltera a los veintiséis años; María, fallecida a los tres años; Emilio Marcos, fallecido al mes de vida; Encarnación Olinda, fallecida a los nueve meses de edad. Pedro y Américo Vicente Blocker fueron destacados atletas, ganando preseas en torneos nacionales e internacionales.

Concluye Margarita:

Yo fui a Coimbra, de donde era mi abuelo, y fui a conocer a su primo hermano. Cuando lo veo, al viejo, era igual a mi papá... ¡qué increíble! Ni que me lo hubieran dicho, yo sabía que era Vicente.

Mi papá decía que en Portugal la familia era muy pobre, y no pudieron comprar un apellido, así que se quedaron sólo con un nombre: Vicente.

Vieira da Cunha

Fig. 3.61. Barcelos, a comienzos del siglo XX. Archivo del autor.

La ciudad de Barcelos (Fig. 3.61), *llamada también la Princesa del Cávado (el Cávado es el río que la atraviesa) está situada en la hermosa región del Minho, en el norte de Portugal. Construida hacia los siglos IX y X, su centro de calles tortuosas muestran a cada paso el vestigio de la historia recorrida en más de mil años. Castillos, mansiones antiquísimas, plazas con árboles también milenarios, río de aguas profundas ese Cávado, surcado por lanchones de mediano calado, la ciudad guarda, casi entrando ya al siglo XXI, un entorno medieval que impresiona. Está como aislada del mundo exterior que bulle a su alrededor, como una isla de tierra adentro, en que la vida apacible se ha petrificado. A su alrededor, la campiña feraz, la más verde de todo Portugal y, tal vez, de toda la Iberia, extiende sus campos de cultivo subdivididos a través de los años y orillados por parrones y árboles frutales, dándole al paisaje un aspecto muy peculiar.*

Allí, en ese ambiente propicio a la meditación, cuna de escritores y poetas, como Guerra Junqueiro, António Dantas y Marcos Peres Cabral, nace en 1883 don Arthur Vieira da Cunha. Hijo de don Augusto Vieira Lopes, quien casó muy joven y con la fuerte oposición de su familia, con una muchacha de humilde cuna, obrera y campesina, de nombre doña Paulina da Cunha (Fig. 3.62)[286].

Como autor de este libro, me tomo la licencia de extender el relato de mi padre sobre Barcelos, refiriéndome al símbolo de la ciudad, que por hermoso y gallardo, terminó con el tiempo por constituir el de Portugal entero: el gallo. Su origen se encuentra en una leyenda que tiene varias versiones, pero la más creíble -para mi gusto- es la de un gallego que iba en peregrinación camino a Santiago de Compostela. Pasó la noche en una

Fig. 3.62. Familia Vieira da Cunha. De pie, atrás y de izquierda a derecha: Joaquim Vieira da Cunha, Manuel Augusto Vieira da Cunha, Maria da Gloria Vieira da Cunha, Arthur de Jesus Vieira da Cunha, y Augusto Cândido Vieira Lopes (padre de Arthur). Sentados: José Joaquim Vieira da Silva (abuelo de Arthur), Miquelina Rosa Vieira Lopes (abuela de Arthur) y Paulina Maria da Cunha (madre de Arthur). Las niñas en primer plano son Maria das Dores, Beatriz do Carmo, Joaquina y Maria Augusta Vieira da Cunha (1902).

posada cuya dueña intentó seducirlo, pero él, o por buen católico o por la fealdad de la señora, la rechazó. Esa misma noche se cometió un asesinato en la ciudad, y la despechada mujer acusó al gallego de haberlo perpetrado. Como las pruebas no eran contundentes el juicio tardó algún tiempo, el suficiente para que su padre, advertido por un mensaje de su hijo, arribara desde Galicia, encontrándose con que el joven estaba a punto de ser muerto en la horca. Corrió a casa del juez, al cual estaba por comenzar a almorzar un gallo asado. El

---

[286] A. Vieira V. (1990). *Arthur Vieira da Cunha, fundador de la familia Vieira en Chile.*

atribulado padre ingresó corriendo al comedor, implorando clemencia, asegurando que su hijo no era capaz de asesinar a nadie. El juez, muy molesto por la impertinencia del gallego,

Fig. 3.63

Fig. 3.64

Figs. 3.63 y 3.64. Cruz medieval y artesanía local que se refieren a la leyenda del gallo de Barcelos.

le gritó: "¡Si tu hijo es inocente, que cante este gallo!" Y eso fue lo que hizo el ave, incorporándose y aleteando ante el asombro del juez y del padre. Corrieron raudamente hasta el cadalso, y gritando desde lejos el juez detuvo al verdugo, quien estaba a punto de cumplir con su tarea (Figs. 3.63 y 3.64).

Y volviendo al abuelo: las precarias condiciones económicas de sus padres hacían dificultosa la mantención de sus numerosos hijos, por lo que a los catorce años Arthur de Jesus Vieira da Cunha debió emigrar a Brasil siguiendo los pasos de su hermano mayor, Manuel Augusto. Trabajó en las profundidades de la selva amazónica, recolectando la savia de las *siringueiras* para la industria del caucho, y donde contrajo la malaria. También trabajó como ayudante de cocina; en la cosecha del tabaco para una fábrica de cigarros puros[287], y en fin, oficios diversos, hasta su traslado a Buenos Aires, siempre tras su hermano, quien se había empleado en la *Casa Gath y Chaves*. Allí entró también, contratado como ayudante de contador, mientras estudiaba comercio por las noches, y leía cuanto libro llegaba a sus manos. A los veintiséis años ya había sido presidente de la Sociedad Portuguesa de Buenos Aires, había alcanzado altos cargos gerenciales en su empresa y en 1910 fue comisionado para dirigir la fundación de *Gath y Chaves* en Santiago de Chile (Fig. 3.65)[288], teniendo que dejar atrás a su novia, la porteña-italiana Ana María Volpi. En 1912 volvió a Buenos Aires para casarse y regresó con ella a Santiago (Fig. 3.66), donde se radicaron para siempre, fundando una de las pocas familias Vieira que hay en Chile. De este tronco proceden más de trescientos descendientes.

---

[287] Según contaba nuestro abuelo Arthur, los operarios orinaban sobre las hojas que se secaban al sol, para producir el tabaco más aromático.

[288] Con ello se introducía en el país el concepto de tienda por departamentos.

Fig.3.65. Casa Gath y Chaves en Santiago de Chile, fundada en 1890. Se encontraba en la esquina de las calles Estado y Huérfanos.

ÁLBUM FAMILIAR

— *CERRO SANTA LUCÍA, 1912* —

Con Portugal en la memoria

Arthur Vieira da Cunha nació en Portugal en 1883. A los 14 años se embarcó hacia Brasil en busca de una mejor fortuna, ya que para sus padres era insostenible la mantención de sus numerosos hermanos.

Trabajó en los más increíbles y variados oficios mientras estudiaba Comercio y Contabilidad en las noches. En 1902 viajó a Buenos Aires empleándose como ayudante de contabilidad en la Casa Gath y Chaves, y en 1910 se le comisionó para dirigir la fundación de la sucursal en Santiago. En 1912 se casó en Buenos Aires con Ana María Volpi Casas.

En Chile incentivó la amistad chileno-portuguesa y en 1927 logró que la calle Maestranza se rebautizara como Portugal.

Esta fotografía la envió su nieto **Matías Vieira Guevara.**
Centro Nacional del Patrimonio Fotográfico. Investigación periodística: José Luis Granese. Si desea publicar en forma gratuita una foto relevante de sus antepasados que dé cuenta de la historia, o alguna anécdota familiar, llame al teléfono 676 2269 o escriba a cenfoto@udp.cl o albumfamiliar@cenfoto.cl

Fig. 3.66.Recorte de prensa, diario "El Mercurio" de Santiago de Chile (2012).

Arthur Vieira da Cunha fue gerente general de *Gath y Chaves* en Santiago hasta su cierre en 1952. A raíz de su vinculación con cooperativas vitivinícolas, y siendo ambos destacados francmasones, se hizo amigo de Pedro Aguirre Cerda, quien llegaría a ser uno de los más populares presidentes de Chile, y a la sazón Ministro de Educación y Justicia durante el gobierno de Arturo Alessandri Palma, gracias a lo cual -según la tradición familiar- consiguió que la importante calle *Maestranza* de Santiago pasase a denominarse *Avenida Portugal* (Fig. 3.67).

Fig. 3.67. Placa que se colocó en la Avenida Portugal con motivo del cambio de su nombre.

Arthur y Ana María, cuyas iniciales comunes eran *A. V.*, siguieron la misma tendencia con sus cuatro hijos, a quienes llamaron Abel, Augusto, Alicia y Armando Vieira. Los Vieira magallánicos somos descendientes de Alicia y Armando (Fig. 3.68).

1 — Dr. Abel Vieira, médico genecólogo. 2 — Dr.ª Lina Vera, advogada, Esposa do Abel. 3 — Dr.ª Alice Vieira advogada, viuva. 4 — Augusto Vieira, quimico-farmaceutico. 5 — Cruz Marticorena, quimico-farmaceutica, Esposa do Augusto; 6 — Beatriz Guavara, Esposa do Armando. 7 — Artur Vieira, filho mais velho do Abel. 8 — Armando Vieira, engenheiro agrónomo. 9 — Maria Volpi, Esposa do Artur. 10 — Francisco Abel, filho do Abel. 11 — Anita Maria, filha do Abel. 12 — Manuel A. Vieira, patriarca da família portuguesa. 13 — Eugénio, filho de Alice. 14 — Artur Vieira, tronco da família Vieira Chilena. 15 — Maria Eugénia, filha do Augusto. 16 — Alexandre, filho de Alice. 17 — Camilo, filho do Armando. 18 — Matias, filho do Armando. 19 — Carlos Artur, filho do Augusto. 20 — João Augusto, primogénito do Augusto. 21 — Luís Alberto, filho do Augusto.

Dezembro de 1950

Fig. 3.68. La familia Vieira reunida en casa de Arthur Vieira en Santiago con motivo de la visita de su hermano Manuel. Recorte del diario "O Barcelense" (1950).

Alicia se casó con Eugenio Covacevich Cvitanic y tuvo dos hijos: Eugenio y Alejandro. Sólo Eugenio ha vivido en Magallanes, y Alejandro falleció el año 2019 en

Santiago. Los hijos de Eugenio Covacevich Vieira -casado con Bride Fugellie-, son Paula, Mariana, Ignacio y Jerónimo, todos magallánicos.

Armando se casó con Beatriz Guevara Toro y tuvo tres hijos: Matías, Camilo y Tomás Vieira Guevara. Matías, inmigrante tardío, arribado a Punta Arenas en 1984, tuvo cuatro hijos: Joaquín, Nicolás, Juan Guillermo y Manuel. Tanto los tres primeros, llegados muy niños, y el último, nacido en Punta Arenas de su actual matrimonio con Mariela Kusic, así como sus cinco nietos, son todos magallánicos. Camilo y Tomás viven en Santiago y Valparaíso, respectivamente.

Eugenio nos da detalles de cómo terminó arraigado en Magallanes:

La primera vez que vino mi mamá a Punta Arenas fue en 1941, con su madre y yo, que tenía seis meses. Me trajeron para que me conociera el abuelo, el padre de mi padre que estaba muy enfermo[289]. Estuvimos muy poco tiempo, sólo lo que estuvo el barco. Yo no me acuerdo, naturalmente, pero ese fue el primer viaje de mi madre a Magallanes.

La segunda vez fue como consecuencia indirecta del fallecimiento de mi padre[290]. Se quedó con dos niños chicos, con pocos recursos, y había que hacer algo. Mientras trabajaba como abogado en el entonces Ministerio de Tierras y Colonización, se enteró que había quedado una vacante en el arriendo de una estancia, por fallecimiento del arrendatario, y se interesó. Este señor que falleció había sido socio y representante de mi abuelo en El Páramo, una península delgadita que está en el golfo de San Sebastián, ahí sacaban oro del mar.

En el interés de mi madre influyó mucho el deseo de mi padre, quien siempre decía que le encantaría tener una estancia, era como una meta lejana que tenía. Mi madre arrendó la estancia Armonía en 1949, ya tenía la casa. Empezó trabajando con algunos de los socios del antiguo arrendatario, porque eran tres socios. Eran unos argentinos que se llamaban Antunovic, y los encargados de la estancia también eran Antunovic, pero no eran de la misma familia. Al final la sociedad se deshizo como a los dos años, pero los Antunovic que estaban trabajando se quedaron con nosotros.

En ese tiempo el acceso a la estancia era muy malo, no existía el camino. Cuando llovía había que esperar que se secara, de otro modo no se podía pasar, en camión solamente. En más de una ocasión tuvimos que quedarnos en Porvenir más de una semana, esperando que se secara. Por eso vivíamos en Santiago, y pasábamos sólo el verano -y todo el verano- en la estancia. Los viajes hasta Valparaíso -y de ahí a Santiago- eran en barco, y tardaban alrededor de diez días.

---

289 Se trataba del antiguo pionero croata y colonizador de Tierra del Fuego, José Covacevich.
290 Eugenio Covacevich Cvitanic, quien falleció muy joven,

Cuando transcurrieron los quince años del contrato de arrendamiento, en 1964 mi madre compró la estancia. Coincidió con una especie de reforma agraria que hizo Jorge Alessandri. Se la ofrecieron en venta y no dudó en comprarla[291].

En cuanto al chileno - portugués autor de este libro, llegué en 1984 a trabajar como médico pediatra. Ya venía enamorado de Magallanes, y lo estoy cada día más. Después de más de cuarenta años de ejercer mi oficio en esta región, con dedicación y cariño, y de haber participado en actividades artístico-culturales de diverso tipo, cargos en la directiva del Colegio Médico, docencia en la Universidad de Magallanes, presidencia durante varios períodos de la Filial Punta Arenas de la Sociedad Chilena de Pediatría, algunas jefaturas en el Servicio de Salud Magallanes y, lo más importante, tener una ya numerosa descendencia regional, creo haberme ganado el título de magallánico, pese a no haber nacido en esta tierra bendita.

---

[291] Relato de Eugenio Covacevich Vieira.

Cuarta Parte

EL REENCUENTRO CON MAGALHÃES

El hijo pródigo de Portugal: de Camões a Pessoa - Los pasos del reencuentro: las fiestas del cuarto centenario - Visita del Presidente Mário Soares - El *Sagres* - Cerrando el círculo: a propósito del quinto centenario

Más ni el héroe Titanio
Desvanecer podrá la insigne gloria
Del genio lusitanio
Ni su inmortal memoria
Lumbre alguna de encarecida historia.

Juan Liberón Tapia
Canto Lírico a la Perla del Estrecho
1950

El hijo pródigo de Portugal: de Camões a Pessoa

En 1580, a sesenta años de la gran hazaña de Magalhães, Luis Vaz de Camões publicaba su formidable poema épico *Os Lusíadas*, la gran epopeya del pueblo portugués. Dice, refiriéndose a Portugal y sus conquistas:

En África tiene ya firmes asientos.
En Asia es más que todas soberana.
En América campos también ara.
Y, si más mundos hubiera, allá llegara.

Se lee en la estrofa 140 del canto X, según traducción de Ildefonso-Manuel Gil:

En sus costas del sur descubriréis
esa parte en que el leño rojo brota:
Tierra de Santa Cruz le llamaréis
cuando primera llegue vuestra flota.
Costeando esa tierra que tendréis,
irá a buscar la parte más remota
Magallanes, en hechos de verdad
portugués, pero no en su lealtad[292].

Lo cierto es que Magalhães nunca traicionó a Portugal, sino al contrario: Portugal traicionó a Magalhães. Fue el militar y marino que recorrió todos los caminos -desde su infancia- que era menester recorrer para llegar a ser uno de los mejores al servicio de su patria.

Dice Gonçalo Cadilhe:

La biografía del navegante portugués al servicio del rey de España es también la biografía del paje portugués al servicio de la reina D. Leonor, la del escudero al servicio de D. Manuel, la del oscuro funcionario de la casa de Indias, luego la del militar portugués al servicio de Francisco de Almeida y de Alfonso de Albuquerque en el Índico, y también la del cuadrillero mayor que conquista Azamor en la armada del duque de Bragança. Antes de convertirse en un personaje insigne en la Historia de la Humanidad, Magalhães fue testigo y partícipe en algunos de los hechos más asombrosos de la Historia de Portugal[293].

Las desavenencias de Magalhães con la monarquía comenzaron con la muerte del rey D. João II en 1495. El país estuvo a poco de ir a una guerra civil como consecuencia de

---

[292] L. Camões [1580]. *LOS LUSÍADAS*. Pág. 225 (1990).
[293] G. Cadilhe (2008). *TRAS OS PASSOS DE MAGALHÃES*. Pág. 17. Traducción del portugués por el autor.

la disputa por la sucesión de la corona entre D. Jorge, hijo bastardo de D. João, y D. Manuel, hermano de la reina D. Leonor y cuñado del difunto. La familia Magalhães, y entre ellos Fernão, apoyaron públicamente a D. Jorge, lo que los dejó marcados para siempre como potenciales enemigos internos del reinado de D. Manuel. A pesar de todo, y tal vez por ser demasiado joven como para ser temido como conspirador, logró ser escudero del rey y, ascendiendo en su carrera militar, participó en la conquista del océano Índico y las colonias aledañas, como Mozambique y la India. Sobre esas campañas de conquista y anexiones no me referiré, ya que escapa al propósito de este libro, y son materia de muchas páginas en los libros de historia. Sólo destacaré que la participación de Fernão de Magalhães fue sobresaliente, ganándose rápidos ascensos y el respeto de sus compañeros de armas. De regreso en Lisboa con treinta y tres años de edad, fue llamado a integrar la imponente armada que conquistó Azamor y con ello, todo Marruecos.

Mucha gloria, pero poca renta. A diferencia de muchos de sus camaradas de armas, su probidad le impidió enriquecerse con el pillaje en los países conquistados. Sintiéndose menoscabado en sus ingresos, fue en repetidas oportunidades, y saltándose todos los conductos regulares, a encarar al rey exigiendo los emolumentos a los que, él estimaba, era acreedor. D. Manuel, cuya inquina por el militar y marino no ocultaba, máxime con el antecedente del apoyo que la familia Magalhães había demostrado por su rival en la disputa por la sucesión al trono, le negó todas y cada una de sus reclamaciones. Comprendiendo que todo intento de entendimiento con el rey de Portugal era faena inútil, Fernão optó por buscar apoyo en otra parte para el sueño que venía masticando y madurando desde hacía tiempo, informándose y consultando a versados cartógrafos: llegar a las islas de la especias navegando hacia occidente[294].

Para poder comprender mejor las decisiones de quien llegaría a ser el mayor navegante de la historia, debemos retroceder en el tiempo, hasta 1481. Ese año murió el rey de Portugal Alfonso V. Asumió su hijo D. João II, quien procedió a efectuar una verdadera batida contra la mayoría de los funcionarios y cortesanos de su padre, muchos de los cuales eran de la alta nobleza, para ser sustituidos por gente de su confianza. Entre los caídos en desgracia se encontraban los miembros de la familia y futura dinastía real de los Bragança, condes de Barcelos. No tardaron en aparecer las conspiraciones, a las cuales el monarca intentó poner coto mediante el juicio sumario de don Fernão, duque de Bragança, el que terminó degollado en la plaza pública.

Así las cosas, los hermanos y parientes del duque, y muchos otros nobles, optaron por abandonar el país, unos con más prisa que otros, radicándose en Castilla. Los que no lo hicieron quedaron sometidos al terror que infundía el soberano, quien convirtió su reinado en un baño de sangre. Fueron ajusticiados o hechos asesinar obispos, aristócratas y judíos, amén de muchos otros menos notables. Los Bragança se radicaron -como casi todos los exiliados portugueses- hasta su muerte, o a la del rey D. João II, en la ciudad de Sevilla[295].

---

[294] M. Martinic B. (2017). Págs. 54 y siguientes.
[295] J. Gil (2009). Págs. 21 y siguientes.

Fueron muchos los nobles, parientes o no de los Bragança, que se exiliaron en diversas partes de Castilla, pero la comunidad portuguesa más numerosa y notable estuvo en Sevilla, en donde prosperaron o fracasaron, formaron o disolvieron familias, nacieron algunos, otros murieron. A la muerte del sanguinario D. João algunos regresaron a Portugal, otros quedaron en Castilla para siempre. Participaron y aportaron a la cultura del país que los acogió, y se castellanizaron. Otros regresaron a Portugal no bien se acabaron las persecuciones, a veces dejando atrás a sus hijos castellanos. Era, pues, la eterna tragedia de los exiliados y refugiados. Hay que decir, también, que no todo fue armonía entre ellos, al contrario. Se reavivaron disputas y antiguas rencillas y brotaron otras, zanjadas muchas veces con sangre.

Con los nobles llegó también a Sevilla una multitud de personas a su servicio, o por cuenta propia. Desde servidumbre a funcionarios administrativos, escuderos, escribanos, mercaderes, artesanos, intelectuales y artistas. Todos aprendieron de, y aportaron lo suyo a, la cultura castellana.

Rechazado y despreciado por su propio rey, ¿dónde entonces podría haber Fernão de Magalhães buscado apoyo para su sueño, que no fuera en ese pedazo de Portugal incrustado en Sevilla? ¡Y vaya que lo consiguió! Allí consolidó su asociación con Rui Faleiro. Conoció y trabó amistad con el influyente portugués Diogo Barbosa, quien le entregó en matrimonio a su hija Beatriz, y a su sobrino Duarte como marinero de la expedición. Estas influencias personales le allanaron el acceso al rey Carlos I, pero también debió sufrir el acoso de la corona portuguesa en cuanto se supo de sus preparativos para llegar a las Molucas navegando hacia occidente con el apoyo y al servicio de España. Pero no cejó en su proyecto ni con la presión, ofertas ni amenazas -incluso de muerte- que recibía de Portugal.

Fig. 4.1. Escudo de armas de la familia Magalhães.

Cuando se vio que nada impediría que persistiese en su empeño, se destruyeron sus blasones (Fig. 4.1) y se expulsó a su familia de Portugal. Desde entonces y durante más de tres siglos fue considerado un traidor por sus paisanos de la metrópoli. Actuó, hay que reconocerlo, en defensa de los intereses de España, ya que parte de los objetivos de su viaje era demostrar que las Molucas estaban comprendidas dentro de los territorios asignados a esta nación por el tratado de Tordesillas. La historia siguió su curso, con los resultados conocidos y muy bien descritos en los textos. Todavía hay portugueses que, por no comprender muy bien esta historia, siguen abominando de su memoria. La mayoría, sin embargo, han llegado a sentirse orgullosos de su hazaña. No fue sino con el paso de los años, tal vez de tres o más siglos, que Magalhães comenzó de a poco a ganarse el respeto y la admiración de la mayoría de los portugueses, quienes comprendieron que su gesta no fue sólo de España, sino también de Portugal y de toda la humanidad. Escribió sobre su muerte Fernando Pessoa, uno de los más grandes poetas portugueses, y quien dio a la luz su creación a comienzos del siglo XX:

Fernão de Magalhães

En el valle clarea una hoguera.
Una danza sacude la tierra entera.
Y sombras deformes y descompuestas
En los claros negros del valle van
De repente, por las laderas,
Se pierden en la oscuridad.

¿De quién es la danza que la noche aterra?
Son los Titanes, los hijos de la Tierra
Que bailan por la muerte del marinero
Que quiso ceñir el materno bulto
Ceñido, por los hombres, el primero,
En la playa, a lo lejos, por fin sepulto.

Danzan, ni saben que el alma osada
Del muerto aún comanda la armada,
Pulso sin cuerpo el timón va a guiar
A las naos en el resto del fin del espacio:
Que hasta ausente supo rodear
La tierra entera con su abrazo.

Violó la Tierra. Pero ellos no
Lo saben, y bailan en la soledad;
Y sombras deformes y descompuestas,
Se pierde en los horizontes,
Galgos del valle por las laderas
De los mudos montes.

Los pasos del reencuentro: las fiestas del cuarto centenario

Magallanes, señor, fue el primer hombre
que abriendo este camino le dio nombre.

La Araucana
Alonso de Ercilla y Zúñiga

La nación que ha nombrado el bardo hispano
será noble y valiente cual ninguna;
injerto de español en araucano,
en esta tierra austral tendrá su cuna;
convertida en estado soberano,
la cima alcanzará de la fortuna,
y sin odios, recelos ni ruindades,
tendrá aldeas y villas y ciudades.

Por una prodigiosa coincidencia,
donde mismo os halláis, señor, ahora,
del chileno la clara inteligencia
fundará una ciudad encantadora.
os lo anuncio con viva complacencia:
un día llegará, con él, la hora
de que en este lugar, en este asiento,
se os levante, señor, un monumento.

La Carabela
Domingo Contreras Gómez

Al cumplirse el cuarto centenario del hallazgo del gran paso interoceánico, las celebraciones, tanto a nivel de Magallanes como en todo el país, fueron apoteósicas. Era Presidente de la República don Juan Luis Sanfuentes, y presidente electo el señor Arturo Alessandri Palma.

El Dr. Alberto D'Oliveira, Enviado Extraordinario y Ministro Plenipotenciario de Portugal en la República Argentina, en Chile, en Paraguay y en Uruguay, ha sido designado por su Gobierno para representarlo, en la alta calidad de Embajador Extraordinario y Plenipotenciario en misión especial, en las fiestas con que la República de Chile conmemoró el Cuarto Centenario del Descubrimiento del Estrecho de Magallanes.

Acompañábanlo, como secretario de la Embajada, el secretario de su Legación, Dr. Manuel de Antas D'Oliveira, y como agregado, el Cónsul de Portugal en Santiago, Dr. Antonio de Salazar Moscoso (Fig. 4.2)

Fig. 4.2. El Ministro Plenipotenciario de Portugal Dr. Alberto D'Oliveira, al centro, flanqueado por Cónsul General de Portugal en Santiago Sr. António de Salazar Moscoso y el Secretario de la Legación Portuguesa Dr. Manuel Antas D'Oliveira. Foto en la Gobernación de Magallanes. Tomado de *Portugal en las Fiestas Magallánicas*, editado por la colonia portuguesa de Santiago de Chile (1921).

El señor D'Oliveira y su comitiva fueron recibidos en la estación de Los Andes, en nombre del Gobierno de Chile, por el Edecán de S. E. el Presidente de la República, Coronel Arturo León del Río, y por el secretario particular del señor Ministro de Relaciones Exteriores, don Domingo de Undurraga Fernández. La Embajada de Portugal fué conducida a Santiago en tren especial, en el carruaje presidencial, y sus miembros fueron considerados huéspedes oficiales de Chile[296].

Las banderas chilena, española y portuguesa fueron izadas en todos los edificios públicos. Hubo ceremonias y discursos en la Embajada de Portugal, en el Teatro Municipal de Santiago, en un banquete en el Palacio de la Moneda, en la Escuela Militar, en la Universidad de Chile, en el Instituto Agronómico y en un banquete en la Embajada de Portugal. También en Punta Arenas, con motivo de la inauguración del monumento a Magalhães, y al regreso a Santiago, en el Congreso Nacional.

---

[296] Colonia portuguesa de Santiago de Chile (1921). Págs. 7 y 8.

Ya en sus primeras palabras -dichas en portugués-, y con motivo de la presentación de credenciales ante el Presidente de la República, el embajador D'Oliveira se adelantó a los pensadores e historiadores magallánicos de los últimos cincuenta años, afirmando:

Fernão de Magalhães (...) fue también, ante el mundo culto, el primer testigo de la existencia del territorio sobre el cual no tardaría en nacer, crecer y prosperar la ilustre nación chilena[297].

No sé si coincidía, o si "El Diario Ilustrado" se hacía eco de las palabras del embajador, cuando un colaborador que firmaba como *Comandante Téllez* afirmaba en dicho diario en noviembre de 1920, y refiriéndose a la gesta de Magalhães:

Así terminó el descubrimiento del estrecho, que era, a la vez, el descubrimiento de Chile -del cual hasta entonces nadie tenía noticias- y el principio del primer viaje que se haría alrededor del mundo, como prueba irrecusable de su redondez[298].

Hago aquí un paréntesis para hacer notar la curiosa coincidencia en que los hitos del afianzamiento de los vínculos chileno-portugueses siempre se han producido al término del segundo decenio del siglo correspondiente: en 1821, Portugal había sido el primer país, fuera de Sudamérica, que reconocía al Estado de Chile como nación independiente; en 1920, cien años después, ese mismo país afirmaba que el descubrimiento de Chile por Europa se había llevado a cabo en 1520, hacía cuatro siglos justos, con la entrada de la escuadra de Magalhães al paso interoceánico que llevaría el nombre del gran portugués[299]. Para rematar esta tendencia, en 2021 se inauguraba, en la *Avenida da Liberdade*, en Lisboa, un busto del Libertador Bernardo O'Higgins, donado por la Embajada de Chile (Fig. 4.3).

Hacía notar el embajador D'Oliveira cómo Fernão de Magalhães, gracias al frío análisis de los hechos, en la conciencia colectiva portuguesa había pasado de traidor a prócer de la patria:

Hoy la historia ha sentenciado equitativamente que, si Magalhães consagró la última y más fecunda parte de su vida al servicio de Carlos I, ni por pensamientos ni por obras intentó hostilizar o causar agravio a la nación que le diera cuerpo y alma, nacimiento y entendimiento, y en cuya lección y ejemplo adquiriera la concepción audaz de su empresa y el impaciente ardor por realizarla[300].

---

[297] Ibíd. Págs. 9 y 10.

[298] Suplemento de "El Diario Ilustrado", 21 de noviembre de 1920.

[299] Está claro que el meridión chileno había sido ya descubierto, hacía unos doce mil años, por los pueblos originarios. Me atengo a la tradición historiográfica, en que por "descubrimientos" se entiende a las primeras incursiones de los europeos.

[300] Colonia portuguesa de Santiago de Chile (1921). Pág. 10.

Fig. 4.3. Busto de Bernardo O'Higgins instalado en la Avenida de la Libertad de Lisboa en 2021.

El 27 de noviembre de 1920 se inauguraban, en sesión solemne en el Teatro Municipal de Santiago de Chile, las fiestas conmemorativas del cuarto centenario del paso de Fernão de Magalhães por el estrecho. Ante la presencia de don Lorenzo Montt, Ministro de Justicia e Instrucción Pública; don Juan Luis Sanfuentes, Presidente de la República; D. Fernando, Infante de España y de don J. Francos Rodríguez, embajador de España, al hacer uso de la palabra el embajador D'Oliveira, dijo una frase que se me figura como la piedra ideológica fundamental de los pueblos imperecederos:

Nada de grande y de bello se produce o realiza sin dolor, sin sacrificio, sin riesgo, sin audacia, sin poesía[301].

Por fin, el 16 de diciembre de 1920, en la ciudad de Punta Arenas y con la presencia de S.A.R. el Infante D. Fernando, embajadas extranjeras y autoridades locales, fue inaugurado en el centro de la plaza Muñoz Gamero el magnífico monumento a Fernão de Magalhães. Ante una expectante multitud de magallánicos (Fig. 4.4), el embajador D'Oliveira depositó a una corona de roble y laurel en bronce, con la dedicatoria siguiente:

A SEU GLORIOSO FILHO
FERNÃO DE MAGALHÃES
A NAÇÃO PORTUGUESA
(1520 – 1920)

---

[301] Ibíd. Pág. 19.

Fig. 4.4. Tomado de la Colección Especial aniversario 61 del diario La Prensa Austral.

Fig. 4.5   Fig. 4.6

Fig. 4.5. Corona de Bronce ofrecida por el Gobierno de Portugal para el monumento a Magalhães. Tomado de *Portugal en las Fiestas Magallánicas*.

Fig. 4.6. El embajador de Portugal pronunciando su discurso en la inauguración del monumento. Tomado de *Portugal en las Fiestas Magallánicas*.

Esta corona se adhirió para siempre al pedestal del monumento, en donde ha podido ser apreciada por generaciones de visitantes, y lo seguirá siendo (Fig. 4.5). Pero no es todo.

El Dr. Alberto D'Oliveira manifestó en su discurso, dicho a los pies del gran navegante (Fig. 4.6):

> *Jamás en el curso de mi vida pública me cupo desempeñar más noble mandato que el que ante vosotros vengo a cumplir: y es el de depositar en este hermoso monumento (...) a la inmortal memoria de Fernando de Magallanes, la corona de laurel y roble, envuelta en los pliegues de la bandera nacional, que la Nación Portuguesa envía desde muy lejos a estos confines del mundo para rendir homenaje al genial navegante, su glorioso hijo, y condigno compañero de tantos héroes y de tantos genios del pensamiento y de la acción, que enaltecen y subliman la historia de mi Patria.*
>
> *Era gran deseo del gobierno de la República Portuguesa que aquí represento, haber podido contribuir para esta conmemoración con la obra de arte de un escultor nacional. La estrechez del tiempo no permitió realizar por ahora este deseo y hubimos de contentarnos con esta modesta ofrenda, más expresiva por el sentimiento que la origina que por el valor intrínseco de que se reviste. Pero yo me creo desde ahora autorizado a prometeros que en la más próxima oportunidad, el gobierno confiará al cincel de uno de sus más insignes artistas la tarea de expresar en mármol o en bronce, con destino a este monumento, todo el reconocimiento, todo el orgullo que Portugal experimenta al recordar la hazaña sin par, fecunda como ninguna otra de su clase en consecuencias universales, realizada con audacia y con genio sobrehumanos por el descubridor de este Estrecho que acabamos de atravesar, por el descubridor de esta nación cuyo suelo pisamos, por el circunnavegador del globo cuyo viaje rehizo la geografía, uniendo entre sí dos mares que se ignoraban y ensanchando en proporciones inauditas las dimensiones de la tierra conocida[302].*

Portugal saldaba la deuda con Magalhães.
Queda pendiente de pago la deuda con Magallanes.

Visita del presidente Mário Soares

El 8 de junio de 1993 la prensa puntarenense anunciaba la próxima visita a Chile del Presidente de la República Portuguesa Exmo. Sr. Mário Soares, quien *(...) tiene considerado un posible viaje a Punta Arenas como parte del itinerario que cumplirá en nuestro país. (...) La visita del presidente Soares tendrá como objetivo resaltar el aporte portugués a esta región[303]*. En efecto, Soares se dio tiempo para visitar Magallanes un mes después, un día antes de iniciar su visita oficial en Santiago.

---

[302] Ibíd. Págs. 51 - 52.
[303] Diario "La Prensa Austral", 8 de junio de 1993.

Fig. 4.7

Fig. 4.8

Este hombre que a los magallánicos les resultó tan afable, y que con tanta amabilidad y cortesía saludó y conversó con quien quisiera acercársele en la calle (Figs. 4.7 y 4.8), había sido nada menos que el principal consolidador de la democracia portuguesa después de los años de la dictadura salazarista. Como es sabido, ésta cayó el 25 de abril de 1974 con la sublevación de parte del ejército encabezado por los capitanes, el cual marchó hacia el palacio de gobierno mientras la gente los aclamaba y colocaba claveles en los cañones de sus fusiles (Fig. 4.9). Y se tomaron el poder con el apoyo popular, sin disparar un solo clavel. Después vino un período un tanto confuso, en que predominaron en el nuevo gobierno militar las tendencias socialistas, con una rápida descolonización y, como consecuencia, el retorno a la metrópoli de cientos de miles de portugueses.

Fig. 4.9. Revolución de los Claveles. Lisboa, 25 de abril de 1974.

Mário Alberto Nobre Lopes Soares (Fig. 4.10), el líder socialista que tras la *Revolución de los Claveles* había regresado en el llamado *Tren de la Libertad* y recibido por una multitud en la estación de Santa Apolónia, dijo que dejaría el socialismo en los cajones porque había que levantar el país para salvar la democracia, no construir el socialismo. (...) *Decía esto con toda firmeza, enfrentándose con toda la izquierda, incluso con su partido. Pero, si hoy hay un régimen democrático en Portugal, el verdadero responsable es Mário Soares, que se impuso a las vagas, confusas, intenciones revolucionarias de los militares*[304].

Fig. 4.10. Mário Soares en retrato de 1978.

Fue el principal líder civil en los convulsos meses del llamado *Proceso Revolucionario en Curso (PREC) (...) y lo fue todo en su país: ministro de Exteriores (1974-75), primer ministro tres veces (1976-1977, 1978 y 1983-1985) y arquitecto de la adhesión de Portugal a la entonces Comunidad Económica Europea en 1985. (...) Llegó a la presidencia de la República en 1986 como primer jefe de Estado "de todos los portugueses" según afirmó en la noche electoral*[305].

Creo que estos párrafos bastan para ilustrar de qué madera era nuestro visitante, quien, acompañado por su esposa[306] y las autoridades regionales, cumplió su deseo de navegar por el estrecho de Magallanes, cosa que hizo en la patrullera *Micalvi* de la Armada; visitó la escuela Portugal, donde se emocionó cuando los alumnos cantaron el himno de su

---

[304] D. Peral (2017). *Mário Soares, la muerte de un león europeo.*

[305] Ibíd.

[306] Maria de Jesus Simões Barroso Soares, quien fuera actriz, profesora y una de las fundadoras del Partido Socialista en 1973, durante su exilio en Alemania.

nación (Fig. 4.11). En su regreso a Portugal desde Santiago, su avión debió hacer escala técnica en Buenos Aires, en donde fue saludado por los diplomáticos portugueses. Entre ellos se encontraba el ex embajador en Chile Sr. António Leão Rocha, quien me relató la alegría y emoción que manifestaba Soares que había sentido en su visita a Magallanes, muy particularmente en esa escuela, ocasión en que recibió los saludos de algunos magallánicos descendientes de portugueses (Figs. 4.12 a 4.15).

Fig. 4.11. Titular del periódico El Magallanes, 11 de julio de 1993.

Fig. 4.12

Fig. 4.13

Fig. 4.12. El presidente Mário Soares con el Sr. Sergio dos Santos Aprá.

Fig. 4.13. Sergio dos Santos Aprá y sus hijos Sergio, Marisol y Marianella dos Santos Gallardo saludando al presidente Mário Soares. Al centro y más atrás el Sr. Gerardo King, quien fuera secretario de la Sociedad de Beneficencia Portuguesa.

El presidente Soares rindió homenaje a Fernão de Magalhães en la plaza Muñoz Gamero en donde, además de una ofrenda floral, entregó una plancha de bronce con la leyenda *Homenagem de Portugal ao seu grande navegador FERNÃO DE MAGALHÃES por ocasião da visita do Presidente da República Portuguesa Dr. Mário Soares* (Fig. 4.16). Ésta fue más tarde montada cerca del monumento en una estructura de concreto de dudoso valor estético, por decir lo menos. Doce años más tarde, y refiriéndose a este hecho, decía el historiador Mateo Martinic:

Fig. 4.14

Fig. 4.15

Fig. 4.14. El presidente Mário Soares y su esposa con Matías Vieira Guevara. Atrás, en el extremo izquierdo, observa su hijo Juan Guillermo Vieira Leighton.

Fig. 4.15. El presidente Mário Soares con el Sr. Américo Vicente Blocker

La presencia del Presidente de Portugal tenía un significado histórico justiciero, cual era el de la reconciliación de la antigua patria con tan eminente navegante, reconociéndoselo como uno más de sus hijos dilectos. Tal es el sentido de la plancha de bronce que trajo consigo el Presidente Soares para que fuera colocada en el monumento al gran descubridor.

Pero este reconocimiento, (...) por razones que ignoro recibió un trato indebido. Así, en vez de colocárselo como correspondía en la base del monumento, bajo la placa dedicatoria al filántropo donante, se construyó un soporte, un adefesio, separado del monumento, sobre el que se puso la placa de que se trata. Tan feo y criticado fue por todos, que al tiempo de la remodelación de la plaza Muñoz Gamero, se le hizo desaparecer, con toda razón. Entonces la placa quedó arrumbada y han sido inútiles mis esfuerzos por conseguir que sea colocada donde debe estar, o sea, en la base del monumento.

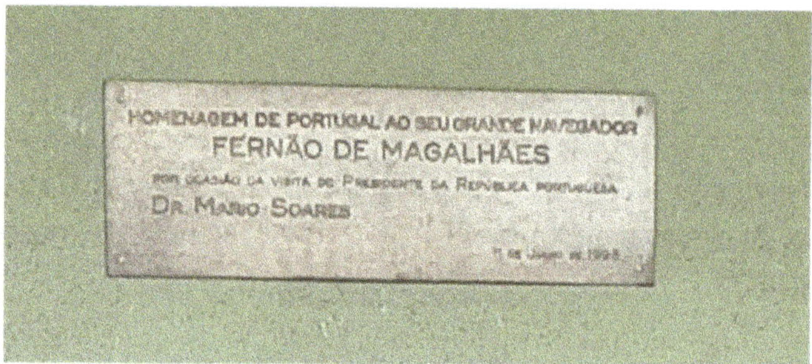

Fig. 4.16. Placa de bronce ofrecida por el presidente Mário Soares para ser colocada en la base del monumento a Magalhães, actualmente en el frontis de la Escuela Portugal.

Lo reitero, la pieza es digna y sobriamente hermosa. (...) Además, al obrar como se hace, se agravia innecesariamente a un gran estadista y demócrata como lo es el ex-

Presidente Soares y, de paso, a un tradicional amigo de Chile como lo es Portugal, cuna de no pocos emigrantes que arribaron a Magallanes y contribuyeron a su progreso[307].

La antedicha plancha actualmente se encuentra en el frontis de la Escuela Portugal, que es el segundo mejor lugar donde podría estar (Fig. 4.16). El año 2022 se efectuó una nueva remodelación de la plaza, con nuevos y renovados esfuerzos del historiador Martinic, a los que me sumé en mi calidad de Cónsul Honorario de Portugal, pero la alcaldía no sólo obvió responder a un documento presentado en forma oficial, sino hizo caso omiso del mismo. Pero algún día la placa tendrá que engalanar el monumento a Fernão de Magalhães, que es el sitio que le corresponde.

El *Sagres*

Al extremo sur de Portugal, bañada por el mar, se alza una freguesía del consejo de *Vila do Bispo*, llamada *Sagres*, situada en el extremo más occidental del Algarve. Con hermosas playas, los turistas llegan atraídos también por la cercanía del *Cabo de San Vicente*, sus acantilados y su faro. El poblado es pequeño, con poco más de dos mil habitantes. En términos históricos, su celebridad consiste en que allí vivió, de 1457 a 1460, el infante D. Enrique, conocido como *El Navegante*. También, en esa localidad, habría existido un centro de estudios de navegación y astronomía, denominada *Escuela de Sagres*.

A medida que avanzamos por el sombrío promontorio que penetra en el mar, se hace la tierra más rala y llana. Algunos viñedos perdidos entre un gran hacinamiento de pitas. Después, sólo un viscoso tapiz de hierba resbaladiza. Hay abajo abismos socavados que se tragan las olas, que hacen restallar el aire contra las paredes de piedra. Algunos grajos vuelan chillando. Soledad. Esto es Sagres. Para quien acuda allí en meditada peregrinación, el pueblo ofrece un apropiado albergue frugal y limpio, con habitaciones blancas y estrechas como celdas de monje. La tradición sitúa allí la antigua Vila do Infante, *en la que D. Enrique estudiaba y descubría a veces las grandes leyes del mar entre navegantes y gentes de caravanas*[308].

¡Qué mejor nombre para un buque-escuela portugués! Tres buques-escuela de la Marina de Portugal han llevado el nombre *Sagres*. El actualmente en ejercicio es un hermoso velero de tres mástiles altos, y que desplaza 1.940 toneladas (Fig. 4.17). Construido en Alemania en 1937, al finalizar la Segunda Guerra Mundial fue capturado por los Estados Unidos y vendido a Brasil por la suma simbólica de 5.000 dólares. Con el nombre de *Guanabara* sirvió como buque-escuela hasta 1961, en que a su vez fue vendido a Portugal

---

[307] Diario "La Prensa Austral", 22 de marzo de 2005. Cartas al Director.
[308] D. Ogrizek (1957). Pág. 357.

para reemplazar al *Sagres II*. Desde entonces ondea en el trinquete la bandera portuguesa, así como en su popa en ocasiones solemnes[309].

Fig. 4.17. El buque-escuela Sagres de la Marina de Portugal.

El 7 de febrero de 2010 se daba la partida en Rio de Janeiro a la *Regata Bicentenario Velas Sudamericanas 2010*, para conmemorar los doscientos años de las partidas relativamente simultáneas de los movimientos independentistas de las que serían las naciones latinoamericanas. En esta fantástica travesía, que culminaría en Veracruz el 23 de junio de ese año, participaron once buques-escuelas: *Simón Bolívar* de Venezuela; *Cisne Branco* de Brasil; *Capitán Miranda* de Uruguay; *Libertad* de Argentina; *Esmeralda* de Chile; *Guayas* de Ecuador; *Gloria* de Colombia; *Cuauhtémoc* de México; *Juan Sebastián de Elcano* de España, *Europa* de Holanda y *Sagres* de Portugal. En total transportaban a más de 2.000 personas, entre dotaciones regulares, autoridades e invitados especiales.

La primera recalada en Chile fue el 27 de marzo, en que fondearon en la bahía de Punta Arenas. Las actividades fueron estrictamente protocolares y sin celebraciones, como señal de respeto y solidaridad para con los habitantes de la zona central de Chile, que el 27 de febrero de ese año había sufrido un devastador terremoto y maremoto, con muchas víctimas, y daños materiales inconmensurables. Ello no fue óbice para que miles de magallánicos madrugásemos para presenciar una impresionante entrada de los veleros en la bahía al amanecer del día señalado, algunos con parte de sus velámenes desplegados, y cada uno luciendo a popa su bandera nacional. Atracados al muelle o abarloados unos con otros, con sus empavesados de banderines en el día y de luces en la noche (Fig. 4.18), fueron saludados por la luna llena (Fig. 4.19)

Como las de las otras naciones participantes, la bandera de Portugal desfiló y lució sus colores por las calles de la ciudad, en manos de un marino lusitano (Figs. 4.20 y 4.21)

---

[309] También podría ser izada en la popa al entrar en combate, pero ello es poco probable, ya que los buques-escuela son para instrucción y misiones de paz.

Fig. 4.18. Recorte del diario "La Prensa Austral".

Fig. 4.19. Foto del autor.

Fig, 4.20   Fig. 4.21

Figs 4.20 y 4.21. Fotos del autor (2010).

Cerrando el círculo: a propósito del quinto centenario

Al cumplirse cuatro siglos de la travesía de Fernão de Magalhães, recién se aceptó en plenitud al gran capitán como héroe de Portugal, según se demostró en las fiestas de 1920. Y para 2020 se preparaban en Chile celebraciones aún más fastuosas que aquéllas, en que el centro geográfico de la conmemoración sería Punta Arenas.

El Gobierno de Chile, encabezado por el presidente Sebastián Piñera Echenique, había nombrado un *Consejo Presidencial por los 500 años*, integrado por varios ministros de Estado, el Comandante en Jefe de la Armada; el Intendente de la Región de Magallanes y Antártica Chilena; el Rector de la Universidad de Magallanes; el Alcalde de Punta Arenas; el Director del Instituto Chileno Antártico. También la integraban importantes agentes culturales, políticos y representantes de la región en el Congreso Nacional.

Portugal preparaba actividades que se prolongarían hasta 2022. Decía en 2019 António Costa, Primer Ministro de Portugal:

Junto con las ciudades portuguesas de Lisboa, Sabrosa y Ponte da Barca, Punta Arenas participa en la Red Mundial de Ciudades Magallánicas y la Universidad de Magallanes en Punta Arenas está involucrada en la cooperación académica internacional establecida en torno al tema, junto con las Universidades de Lisboa, Nova de Lisboa, y Tras-os-Montes y Alto Douro. En conjunto con otros países y organizaciones, tenemos la responsabilidad de conferir un carácter igualmente universal a las celebraciones. (...) Magalhães, aunque ausente, sigue rodeando la Tierra entera con su abrazo[310].

En 2015 comenzó a fraguarse en las ciudades de Sabrosa y Lisboa la idea de postular la ruta de la circunnavegación como Patrimonio de la Humanidad, cuyo paso

---

[310] A. Costa. *Fernão de Magalhães, el portugués que abrazó toda la tierra* (2019).

inicial fue inscribir la propuesta, dos años después, en la Lista Indicativa de la Unesco con el nombre de *Ruta de Magallanes. Primera alrededor del Mundo*[311]. Gran impulsor y motor de esta iniciativa ha sido el ex alcalde de Sabrosa, José Marques, pero Portugal, para resaltarla como política de estado, decidió que fuese encabezada por el Ministro de Relaciones Exteriores Sr. Augusto Santos Silva. Sin embargo, y pese a que estudios e investigaciones recientes, efectuados por el historiador portugués José Manuel Garcia, han demostrado que Fernão de Magalhães no nació en Sabrosa sino en Porto[312], el Sr. José Marques jugó un destacado rol tanto en esta iniciativa como en otras de igual importancia. Por lo demás, no está descartado que Magalhães haya vivido gran parte de su infancia en Sabrosa.

Ese año 2017 el Ayuntamiento de Sevilla aprobó la misma propuesta, aunque la idea inicial corrió por parte de Portugal. Desde entonces trabajó en España una comisión para la conmemoración del *V Centenario de la expedición de Magallanes y Elcano*, con 126 proyectos, con un presupuesto de 174 millones de euros aportados por el gobierno central, comunidades autónomas, diputaciones, ayuntamientos y entidades privadas. En 2018 publicaron el libro *La vuelta al mundo de Magallanes-Elcano: la aventura imposible 1519 - 1522*, coeditado por organismos estatales y privados.

A comienzos de 2019 se pusieron de acuerdo, España y Portugal, en una candidatura conjunta para la ruta circunnavegadora como Patrimonio de la Humanidad. En una reunión binacional de alto nivel el ministro de relaciones exteriores de España, Josep Borrell, durante la rueda de prensa que ofreció junto a su colega portugués Augusto Santos Silva, aseguró que *vamos a ir de la mano a todas partes*[313].

A nivel regional, tal como señalaba el historiador Sergio Lausic, (…) *Desde que se iniciaron los primeros momentos de organizar un plan de actividades conmemorativas que dieran realce a los 500 años, destacan inicialmente la Ilustre Municipalidad de Punta Arenas, representada en esos tiempos por los alcaldes Vladimiro Mimica y Emilio Boccazzi, como la Universidad de Magallanes. Es necesario resaltar que, además, se contó siempre con el apoyo y comprensión de la Empresa de Publicaciones La Prensa Austral, la que inició toda una campaña de divulgación a tal hito conmemorativo, a través de sus medios de comunicación. En resumen, estas tres organizaciones de significación política, científica y de comunicación e información social, iniciaron y lograron desarrollar un programa de festejos conmemorativos para esta fecha histórica importante, tanto para Chile, la Región magallánica y el mundo*[314].

Entre las variadas actividades que se harían en forma conjunta, figuraba la navegación de los buques-escuela *Sagres* y *Juan Sebastián Elcano*[315]. También se incorporarían la *Esmeralda*, la *Libertad* y el *Cisne Branco*. Todos éstos iban a participar en

---

[311] J. A. Jiménez (2019). Diario "El Mercurio", 24 de marzo de 2019.

[312] J. M. Garcia (2019). *FERNÃO DE MAGALHÃES. HERÓI, TRAIDOR OU MITO*. Capítulo 2.

[313] J. A. Jiménez (2019).

[314] S. Lausic. *En los 500 años: itinerario de una conmemoración* (2020).

[315] J. M. del Barrio (2019).

una travesía desde Punta Arenas hasta *Bahía Fortescue*, localizada un poco más allá del cabo Holland, según se navega hacia la boca occidental del estrecho de Magallanes. Este lugar, que don Fernão llamó *Porto das Sardinhas*, por haber encontrado allí grandes cardúmenes de estos peces -de los cuales se alimentaban las ballenas-, se encuentra distante 82 millas náuticas de la capital regional. Aquí fue donde estuvieron cogiendo leña y abasteciéndose de agua fresca, y en donde encontraron el apio silvestre que, al consumirlo, salvó a muchos del terrible escorbuto. Lo más notorio fue, sin embargo, el hecho de que aquí se celebró una misa, que fue la primera en territorios que más tarde vendrían a ser parte de Chile. Quinientos años después se inauguró allí una cruz erigida por la Armada, y en su pedestal se colocaron placas con leyendas conmemorativas en castellano, portugués e inglés. A sus pies se efectuó otra misa con la presencia de los buques-escuela de Chile y España.

En Magallanes las autoridades regionales, la Universidad de Magallanes, los amantes de la historiografía regional y los magallánicos en general, se estaban preparando para la fiesta que se aproximaba. El año 2018 fue el impulso dado por la Municipalidad de Punta Arenas bajo la batuta de su alcalde Sr. Claudio Radonich Jiménez, la que asumió la organización y la mayoría de las actividades realizadas en octubre de ese año, en que destacaron las visitas del Presidente de la República Sr. Sebastián Piñera, del Ministro de Relaciones Exteriores Sr. Roberto Ampuero, de la Secretaria de Negocios Extranjeros de Portugal Sra. Teresa Ribeiro, del embajador de Portugal Sr. António Leão Rocha, y del embajador de España Sr. Enrique Ojeda Vila. Se lanzó una colección de libros reeditados y nuevos, atingentes a los temas de la convocatoria. Un acto en la escuela Portugal reunió a profesores y alumnos de ésa y de las escuelas España y Hernando de Magallanes, con las autoridades invitadas y con representantes de la colonia portuguesa (Fig. 4.22).

Fig. 4.22. Acto en la escuela Portugal, en que participaron autoridades, diplomáticos de Portugal y España, representantes de la colonia portuguesa, docentes y alumnos de la escuela (noviembre 2018).

Ya en 2016 se esbozaba una suerte de unión de las universidades magallánicas, teniendo como referencia el hecho de que de alguna manera estuviesen relacionadas, ya sea territorialmente como culturalmente con la primera circunnavegación del globo terráqueo.En enero de 2017 se reunieron en el municipio de Sabrosa, con el patrocinio de la Universidad de Tras-os-Montes y Alto Douro. Esta unión se fue consolidando, hasta que ese mismo año se logró concretar, con el apoyo de fondos culturales gubernamentales, la reunión en Punta Arenas de escritores e historiadores de Chile, Portugal, Argentina e Italia, dando a luz, con sus ponencias, al *Libro de Oro del Estrecho de Magallanes*[316]. En esa oportunidad se entregó también un premio de novela corta llamado *Premio Literario Conmemoración Quinto Centenario*, el que fue ganado por Javier Solís Uribe, con su obra *Yoguán*.

Fig. 4.23. Reunión en Lisboa de los representantes de las universidades magallánicas con el Ministro de Negócios Estrangeiros, Sr. Augusto Santos Silva. Cortesía del Sr. Manuel Manríquez Figueroa (2019).

Desde 2018 se ha constituido la *Red Mundial de Universidades Magallánicas*, con el impulso del historiador de la Universidad Pablo de Olavide de Sevilla Sr. Juan Marchena, e integrada por importantes centros de estudios superiores, todas de alguna manera relacionadas con las ciudades que se encuentran interconectadas por el periplo de la expedición del gran navegante portugués. Los días 21 y 22 de noviembre de 2019 se realizó en Lisboa una reunión de sus representantes, en el Ministerio do Mar y en el de Negócios Estrangeiros, presididas por los respectivos ministros, señores Ricardo Serrão y Augusto Santos Silva (Fig. 4.23). Por de pronto, este grupo de trabajo se empeñaba en que la ruta de Magalhães-Elcano fuese declarada *Patrimonio Cultural de la Humanidad* por la UNESCO. Todo culminaría con una gran asamblea de representantes de estas universidades a efectuarse en Punta Arenas en agosto de 2020, cuya trama temática sería la globalización, en todos sus aspectos.

Acápite aparte merece la notable participación de la Armada de Chile la que, representada en Magallanes por el Comandante de la III Zona Naval, vicealmirante Sr.

---

[316] S. Lausic (2019).

Ronald Baasch y con el entusiasmo de éste, nos ha permitido navegar hasta Bahia Fortescue en compañía de los historiadores José Manuel Garcia y Mateo Martinic (Fig. 4.24)

Fig. 4.24. Delegación que viajó a Bahía Fortescue en noviembre de 2019. En ese lugar se erigió posteriormente una cruz en conmemoración de la primera misa en lo que sería parte de Chile, ordenada por Fernão de Magalhães hace 500 años.

El Consulado de Portugal y la colonia portuguesa esta vez no se restarían, y participarían con entusiasmo en las celebraciones. En conjunto con la Escuela Portugal, se programaba la visita a ese establecimiento educacional del presidente de la República Portuguesa Exmo. Sr. Marcelo Rebelo de Sousa y una delegación del buque-escuela *Sagres*, ocasión en la que se pensaba inaugurar el *Rincón Portugués* en su biblioteca, y el presidente se reuniría con los ciudadanos y descendientes de portugueses, tal como lo hizo el presidente Mário Soares en 1993. Los alumnos retribuirían la visita al *Sagres*, presentando una selección de canciones y bailes portugueses.

Y así, no faltaba el entusiasmo. Tal vez algunos proyectos no prosperarían, tal vez aparecieran otros, como la extraordinaria escultura del chileno Francisco Gazitúa, llamada *Circunnavegación*, instalada en el borde costero de Punta Arenas, en las proximidades de la desembocadura del río de las Minas. Tiene 17 metros de alto, pesa 25 toneladas y en su centro figura una una alegoría de la *nao Victoria* (Fig. 4.25).

Pero casi todo lo demás quedó paralizado. Estuvimos en guerra contra un ser minúsculo, invisible, que se expandió por el mundo, repartiendo hambre, desolación, enfermedad y muerte.

Fig. 4.25. Escultura de Francisco Gazitúa, llamada _Circunnavegación_, instalada en el borde costero de Punta Arenas. Foto del autor.

Ya han llegado nuevos días de sol. Traigamos nuevamente a colación las palabras de Alberto D´Oliveira:

> _Nada de grande y de bello se produce o realiza_
> _sin dolor, sin sacrificio,_
> _sin riesgo, sin audacia, sin poesía._

Cinco siglos, medio milenio. Quinientos años. Y Fernão de Magalhães sigue vivo. Militar, ilustrado marino, audaz navegante, visionario, gran explorador, traidor a su patria, héroe de su patria. No completó la circunnavegación de la tierra, pero sí la abrazó. Demostró lo que los más ilustrados cartógrafos, intelectuales y científicos del siglo XIV ya tenían por dogma de fe, o de sentido común: la tierra es redonda, no había tal abismo en que caerían las carabelas, para ser deglutidas por monstruos infernales. Faltaba la demostración, y ahí la tenían. Y de paso, comunicó por primera vez a los dos más grandes océanos por un estrecho, en cuyas riberas, y por cientos de kilómetros tierra adentro, habitaban los pueblos originarios de la región más austral de un continente que recién se develaba como tal.

Los nombres Patagonia, Tierra del Fuego, Pacífico, y gran parte de la toponimia austral, son consecuencia de las palabras usadas por Fernão de Magalhães para referirse a estos territorios y a las gentes que ya lo habitaban. Y después, mucho después, tres siglos después, llegó la colonización chilena, inicialmente en su mayoría chilota, luego de otras provincias. También arribaron de otros países y de otros continentes, y todos, chilenos y foráneos, adoptaron el mismo gentilicio: magallánicos.

Y entre los que llegaron de otros continentes para convertirse en magallánicos, en distintas épocas, vino un pequeño grupo de portugueses. Pocos, pero significativos, como se ha intentado demostrar en las páginas de este libro.

Portugueses como Magalhães.

EPÍLOGO DE LA SEGUNDA EDICIÓN

Este libro está dedicado a la memoria de mi abuelo y, como autor, y finalizado el último capítulo, nuevamente me permito ejercer un derecho, esta vez el de resaltar en algo su figura.

Arthur de Jesus Da Cunha Vieira fue un hombre de humilde origen, quien tuvo que salir de Portugal siendo casi un niño, porque sus padres no podían alimentar ni educar a sus numerosos hijos. Nada de muy diferente con la mayoría de los que emigraron a comienzos del siglo XX de una Europa empobrecida. Algo de su sacrificada vida adolescente se bosquejaba en la parte dedicada las historias familiares, no lo voy a repetir. Tampoco me extenderé sobre su ingreso y vida laboral en una gran casa comercial, que lo hizo llegar desde Buenos Aires a Santiago de Chile, en donde se radicó para siempre con su amada Ana María, tuvieron una gran descendencia, y se nacionalizaron chilenos.

Era un hombre bueno y cariñoso, bien lo sabemos sus nietos, y lo supieron sus hijos. También lo supieron sus padres y hermanos, porque cada tantos años viajaba a Portugal con la abuela, y recibirlos en Valparaíso, cuando regresaban en barco, era una fiesta para nosotros, sus nietos. En Barcelos dejó en los muros de la casa de sus familiares los azulejos con sus poemas, porque también era poeta.

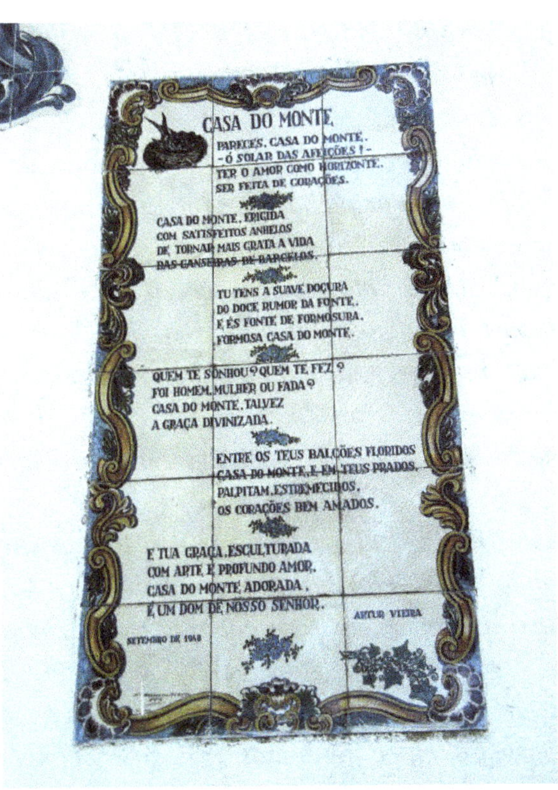

Gran estudioso y lector, se convirtió en un erudito de la literatura portuguesa, y no perdía oportunidad de difundirla en forma de conferencias, artículos y clases.

¿Qué más era este abuelo? Además de lo esbozado más arriba, bien poco sabíamos sus nietos, no era hombre de vanagloriarse, lo cual da más valor a sus hechos. Con el tiempo, mucho tiempo, cuando estos nietos ya somos abuelos, y algunos, bisabuelos, nos encontramos con sorpresas en recortes de viejos diarios, algunos hallados entre los escombros de lo que queda de nuestros padres, y otros que nos han hecho llegar algunos ratones de biblioteca.

Para muestra, dos botones. El primero es un reportaje aparecido en el diario *La Nación* de Santiago de Chile el 5 de julio de 1950[317]:

Veinte años cumple hoy la República de Portugal

Hoy, 5 de octubre, cumple veinte años la República del Portugal. En esta fecha, en 1910, fue derribado el Rey Manuel II, último de la Casa de Braganza, y substituido por un Gobierno Provisional que encabezaba Teófilo Braga. La vida institucional de la República lusitana, a pesar de sus breves años, ha debido pasar por duras pruebas: los alzamientos monárquicos; las disensiones políticas, la intervención en la guerra europea, etc. Sin embargo, en la actualidad ha entrado ya en una fase de madurez política y, tranquilizadas las luchas internas, la pequeña nación peninsular se esfuerza por colocarse en sitio evidente entre las naciones europeas. Sus exportaciones de vinos, aceites, cereales, etc., le han asignado un lugar entre los países exportadores europeos, y la extensión de su cultura, el brillo de su historia y la hospitalidad e hidalguía de su pueblo, han sido justa causa de que la gloriosa patria de Camões y de Magallanes continúe ocupando un sitio innegable en el concierto de los Estados Europeos.

Las relaciones de Portugal con Chile fueron hasta hace algunos años estrictamente corteses y protocolares y, salvo una pequeña corriente intercambial entre ambos países, no unían a la tierra portuguesa con la chilena otros vínculos que los de la simpatía y la estimación mutua. Hoy, en estos últimos años, merced a la labor de algunos esforzados diplomáticos e intelectuales portugueses y chilenos, los lazos de unión entre ambas naciones se han fortalecido, hasta el extremo de haberse incrementado apreciablemente la corriente de importación y exportación entre ambos países, y, en no menor grado, el conocimiento mutuo que se tiene de cada República de las características y bondades de la otra.

No hace mucho, en "La Prensa" de Buenos Aires el escritor lusitano Sousa Costa publicó un artículo titulado "Las relaciones de amistad entre Chile y Portugal", donde exalta la labor correlativa que ejercieron un chileno -don Armando Labra Carvajal- en Portugal y un portugués -don Arturo Vieira- en Chile, en el sentido de que sus patrias se conocieran lo suficiente para trabar una amistad efectiva. Sousa Costa dice, a ese respecto, "Don Armando Labra Carvajal, en conferencias, artículos y conversaciones nos aproximó poco a poco a la nueva nación que palpita, crece y se multiplica en bienes materiales y morales, más allá de los Andes". Refiriéndose a la labor del señor Vieira, labor de todos

---

[317] Cortesía Sr. Udo Gonçalves.

nosotros conocida y estimada, agrega: "Se llama Arturo Vieira. Hombre moderno por excelencia, dinámico e intelectual, que tiene puesta su fecunda actividad a favor de los intereses más nobles de la patria distante, en beneficio de la cual no se cansa de dar conferencias públicas, escribir artículos informativos en los periódicos locales y costear numerosas fiestas mundanas de carácter netamente lusitano".

El escritor portugués está en lo cierto: la actual amistad de Portugal y de Chile, se debe, en gran parte, a la acción personal de ambos personajes y, por cierto, al interés con que han respondido ambos pueblos al llamado de amistad y unión hecho por dos voceros autorizados, patriotas y conocedores de los beneficios de un acercamiento cada día más pronunciado entre sus patrias respectivas".

El segundo botón es un artículo del diario "O Barcelense" en su edición del 22 de marzo de 1969, en que se anunciaba el fallecimiento del abuelo[318]:

Murió Arthur Vieira

Hace pocos días falleció en Santiago de Chile el señor Arthur Vieira, ilustre natural de Barcelos, que en tierra lejana honraba grandemente a la patria que idolatraba. Si bien es cierto que el portuguesismo se manifiesta atávicamente, dondequiera que estén los portugueses, también es cierto que algunos, a pesar de la distancia y la larga ausencia, sienten más la influencia de su origen, convirtiéndose en verdaderos mensajeros de las realidades, de las excelencias de la Patria, lejos de la mirada, pero siempre enraizadas en el corazón. Su espíritu delicado y culto, su alma de poeta, vive en la nostalgia de esos valores, más propios que ajenos, por su antigua experiencia, y que difunden ardientemente como rayos de luz y progreso.

Arthur Vieira fue verdaderamente uno de los mejores embajadores del portuguesismo, en su mejor expresión cultural, tradicional y sentimental. No era un hombre cualquiera. Además de profesor de la Universidad de Chile, fue poeta, escritor y conferencista. De su obra se conservaron varios libros originales y otros de traducción de obras portuguesas, destacando "Leyendas de Portugal", muy apreciada en Chile.

Por el Gobierno de la Nación fue condecorado con la Encomienda de la Orden de Cristo, en reconocimiento por los servicios prestados para la expansión de la cultura portuguesa en Chile.

Siempre colaboró en O BARCELENSE, periódico que recibía con regularidad y así lo hacía, como declaraba con orgullo, como una manifestación de dedicación por Barcelos, su tierra natal, que nunca olvidó.

Reflexión final

No hay mal que por bien no venga, decía en la primera edición, refiriéndome a un supuesto "lado bueno" de la gran pandemia de Covid-19, que me aisló en casa y me permitió concluir este modesto trabajo. Advertía, eso sí, que no era buena suerte para mí ni para nadie, teniendo en cuenta la magnitud de la tragedia.

Con el interés de traducir este libro al portugués resultó un escrito algo más extenso, gracias a los aportes de familias de descendientes de lusitanos de los cuales no tenía información acabada, además del agregado de datos históricos que me han salido al camino. Asimismo, me han llegado, y he encontrado, generalmente por azar, imágenes de particular importancia para adornar esta obra, algunas de belleza notable. Gracias también a la tecnología, las que ya tenía también adquieren nuevo lustre.

Por la extensión que iban tomando las memorias familiares, en esta edición he decidido ingresarlas como un capítulo aparte.

Mi primer agradecimiento, como la vez anterior, es a mi grupo familiar por el apoyo. Los últimos han sido tiempos complicados, pero nos mantenemos y seguiremos unidos.

A Mateo Martinic, un joven nonagenario, siempre dispuesto a compartir su sabiduría en largas conversaciones, gracias a las cuales, con su orientación, pude dar a luz la primera edición. Para ella me regaló su generoso prólogo, el cual incluí en ésta.

Un especial agradecimiento a los miembros de la colonia portuguesa de Magallanes, quienes me compartieron las historias familiares de sus antepasados: Margarita Vicente Poklepovic, María Teresa Vicente Salles, María Angélica Dollenz Ojeda, Sergio dos Santos Aprá, Marianella dos Santos Gallardo, Eugenio Covacevich Vieira, Sergio Fortes Marshall, Pablo Rendoll Balich, Josefa dos Santos Ruiz, Alicia Monsalves Colivoro, Joaquín Monsalves Novakovic, Juan José Diez Radovic, Erigardo Mancilla Uribe, Mario Scott dos Santos, José Pinto de Sousa. También a Cristina Vicente Salles, quien ha emprendido el viaje final. Varios de ellos me han posibilitado acceder a una gran cantidad de documentación y fotografías, las que se encuentran señaladas entre las fuentes de información. Todos son coautores de este libro.

FUENTES DE CONSULTA

Fuentes impresas[319]:

Anuario Sucesos 1919 - 1920. *GUÍA GENERAL DE CHILE AÑO II.* Editores E. Gómez y Cía., Valparaíso. Sociedad Imprenta y Litografía Universo, Valparaíso - Santiago 1919.

Barros Arana, Diego. *HISTORIA JENERAL DE CHILE.* Tomo I. Rafael Jover, editor. Imp. Cervantes, Santiago de Chile 1884.

Bello, Mónica. *A VIDA EXTRAORDINÁRIA DO PORTUGUÊS QUE CONQUISTOU A PATAGÓNIA.* Temas e Debates, sello de Bertrand Editora. Lisboa 2020.

Berzovic Radonic, Francisco. *EL DESCUBRIMIENTO DE CHILE POR FERNANDO DE MAGALLANES.* Ed. Southern Patagonia, talleres Ateli y Cia. Ltda. Punta Arenas 1983.

Braun Menéndez, Armando. *PEQUEÑA HISTORIA MAGALLÁNICA* [1937]. Ed. Francisco de Aguirre. Buenos Aires, 4ª edición 1969.

Cadilhe, Gonçalo. *NOS PASSOS DE MAGALHÃES.* Oficina do Livro - Sociedade Editorial Ltda. Cruz Quebrada, Portugal, 2ª. Ed. 2008.

Camões, Luis Vaz de. *LOS LUSÍADAS* [1580]. Editorial Planeta S.A. Barcelona 1990.

Chamorro Ch., Claudio. *BAJO EL CIELO AUSTRAL.* Imprenta y Litografía La Ilustración. Santiago de Chile 1936.

Colonia Portuguesa de Santiago de Chile. *PORTUGAL EN LAS FIESTAS MAGALLÁNICAS.* Ed. Nascimento, Santiago de Chile 1921.

Contreras Gómez, Domingo. *LA CARABELA.* Empresa Editora Zig - Zag, Santiago de Chile 1945.

Costa, António. *Fernão de Magalhães, el portugués que abrazó toda la tierra.* Suplemento "En el Sofá" del periódico "El Magallanes" (edición dominical del diario "La Prensa Austral"), 27 de enero de 2019.

Cruz Noceti, Pablo. *DONDE DESCANSA LA HISTORIA.* Impresos Ateli y Cia. Ltda. Punta Arenas 2019.

Del Barrio, Javier M. *Magallanes y Elcano. A vueltas con la primera vuelta al mundo.* Diario "El País" de España, 10 de febrero de 2019. Versión digitálica consultada el 16.02.2019.

Diario "El Comercio" de Punta Arenas. Ediciones de enero a junio de 1901.

Diario "La Nación" de Santiago de Chile. Ediciones de 1930.

Diario "La Prensa Austral" de Punta Arenas. Ediciones de enero a julio de 1993.

Diario "O Barcelense" de Barcelos, Portugal. 22 de marzo de 1969.

---

[319] Títulos de libros en mayúsculas, otras publicaciones en minúsculas. Se incluyen publicaciones periódicas digitálicas o versiones digitálicas de medios escritos.

Díaz Bustamante, Jorge. *CRÓNICAS DE ÚLTIMA ESPERANZA*. Imprenta "Comercial Ateli Ltda.", Punta Arenas 1994.

Dollenz Ojeda, María Angélica.
- *Escuela Portugal. Un gran aporte de los portugueses a la región.* Suplemento "En el Sofá" del periódico "El Magallanes" (edición dominical del diario "La Prensa Austral"), 18 de noviembre de 2018.
- *Presencia y obra de portugueses en Magallanes.* Suplemento "En el Sofá" del periódico "El Magallanes" (edición dominical del diario "La Prensa Austral"), 4 de agosto de 2019.
- *Escuela pública: la más austral, antigua y alfabetizada del mundo.* Diario "La Prensa Austral", 29 de agosto de 2019.

Entraigas, Raúl A. *PIEDRA BUENA: CABALLERO DEL MAR.* R. J. Pellegrini e hijo Impresiones, Buenos Aires 1987.

Fagalde, Alberto. *MAGALLANES EL PAÍS DEL PORVENIR.* Talleres Tipográficos de la Armada, Valparaíso 1901.

Garcia, José Manuel.
- *A VIAGEM DE FERNÃO DE MAGALHÃES E OS PORTUGUESES.* Editorial Presença, Lisboa 2007.
- *FERNÃO DE MAGALHÃES. HERÓI, TRAIDOR OU MITO: A História do Primeiro Hómem a Abraçar o Mundo.* Editorial Presença, Lisboa 2019.

Gay, Claudio. *HISTORIA FÍSICA Y POLÍTICA DE CHILE* [1844]. HISTORIA I. Centro de Investigaciones Diego Barros Arana de la Dirección de Bibliotecas, Archivos y Museos, Santiago de Chile 2007.

Gil, Juan. *EL EXILIO PORTUGUÉS EN SEVILLA. DE LOS BRAGANZA A MAGALLANES.* Fundación Cajasol, Sevilla 2009.

Harambour, Alberto y Barrena Ruiz, José. *Barbarie o justicia en la Patagonia occidental: las violencias coloniales en el ocaso del pueblo kawésqar, finales del siglo XIX e inicios del siglo XX.* Historia Crítica N° 71 (2019): 25 - 48.

Jiménez, María Piedad. *La ruta "Magallanes - Elcano" busca ser Patrimonio de la Humanidad.* Diario "El Mercurio", 24 de marzo de 2019.

Jowitt, Claire. *THE CULTURE OF PIRACY, 1580 - 1630.* Ashgate Publishing Limited, Farnham 2010.

Lausic Glasinovic, Sergio. *En los 500 años: itinerario de una conmemoración.* Suplemento "En el Sofá" del periódico "El Magallanes" (edición dominical del diario "La Prensa Austral"), 1 de noviembre de 2020.

Marín, Cristóbal. *HUESOS SIN DESCANSO.* Penguin Random House Grupo Editorial. Santiago de Chile 2019.

Martinic Beros, Mateo.
- *Origen y evolución de la inmigración extranjera en la colonia de Magallanes entre 1870 y 1890.* Ans. Inst. Pat., Punta Arenas (Chile), Vol. 6, 1975.

- *La política indígena de los gobernadores de Magallanes 1843 - 1910.* Ans. Inst. Pat., Punta Arenas (Chile). Vol. 10, 1979.
- *El Reino de Jesús. La efímera historia de una gobernación en el Estrecho de Magallanes (1581 - 1590).* Ans. Inst. Pat., Punta Arenas (Chile). Vol. 14, 1983.
- *NOGUEIRA EL PIONERO* [1986]. Ediciones de la Universidad de Magallanes. Impresos Vanic Ltda. 2ª Ed. Punta Arenas 1993.
- *PUNTA ARENAS EN SU PRIMER MEDIO SIGLO 1848 - 1898.* Impresos Vanic Ltda. Punta Arenas 1988.
- *HISTORIA DE LA REGIÓN MAGALLÁNICA* [1992]. Ediciones de la Universidad de Magallanes. Impresos La Prensa Austral Ltda. 2ª Ed. Punta Arenas 2006.
- Drake y el descubrimiento de la insularidad fueguina. La evidencia cartográfica. Ans. Inst. Pat., Ser. Cs. Hs. (Chile), 1998. 26: 5 - 22.
- *Noticia histórica sobre una misteriosa navegación en aguas magallánicas durante la tercera década del siglo XVI.* Ans. Inst. Pat., Ser. Cs. Hs. (Chile), 1999. 27: 5 - 11.
- *La inmigración extranjera minoritaria en Magallanes 1885 - 1930.* Ans. Inst. Pat. Ser. Cs. Hs. (Chile), 2000. 28: 29 - 38.
- *Antecedentes para la historia social de Magallanes. Negros y mulatos en el antiguo Territorio de Colonización.* MAGALLANIA (Chile), 2005. Vol. 33(2): 5 - 11.
- *PUNTA ARENAS SIGLO XX.* Impresos La Prensa Austral, Punta Arenas 2013.
- *UNA TRAVESÍA MEMORABLE: Hallazgo y navegación del Estrecho de Magallanes.* Primera edición Impresos La Prensa Austral, Punta Arenas 2017. Tercera edición Colección 500 Años. I. Municipalidad de Punta Arenas. Impresos La Prensa Austral, Punta Arenas 2020.
- *.La representación cartográfica de la costa sudoccidental de Chile (Patagonia) en el siglo XVI. Los mapas de la familia Oliva.* MAGALLANIA (Chile) 2022.

Medina, José Toribio. *EL DESCUBRIMIENTO DEL OCÉANO PACÍFICO. VASCO NÚÑEZ DE BALBOA, FERNANDO DE MAGALLANES Y SUS COMPAÑEROS.* Imprenta Universitaria, Santiago de Chile 1920.

Morales, Ernesto [1942]. *EXPLORADORES Y PIRATAS EN LA AMÉRICA DEL SUR.* Ed. Renacimiento, Sevilla Ed. 2006.

Navarro Avaria, Lautaro. *CENSO JENERAL DE POBLACION I EDIFICACION, INDUSTRIA, GANADERIA I MINERIA DEL TERRITORIO DE MAGALLANES.* Talleres de la imprenta de "El Magallanes", Punta Arenas 1907 (Tomo I) y 1908 (Tomo II).

Ogrizek, Doré. *PORTUGAL.* 2ª Ed. Ediciones Castilla S. A. Madrid 1957.

Pastells, Pablo. *EL DESCUBRIMIENTO DEL ESTRECHO DE MAGALLANES.* Sucesores de Rivadeneyra (S. A.), Artes Gráficas, Madrid 1920.

Periódico "El Magallanes". Ediciones enero 1894 - septiembre 1901.

Periódico "The Magellan Times". Ediciones de 1920.

Pigafetta, Antonio. *PRIMER VIAJE EN TORNO DEL GLOBO* [1524]. Versión francesa traducida al castellano por José Toribio Medina [1882]. Editorial Francisco de Aguirre, Buenos Aires 1970.

Riesenberg, Felix. *CABO DE HORNOS* [1939]. Imprenta Ferrari Hnos. Buenos Aires Ed. 1946.

Sanz, Carlos. *DESCUBRIMIENTOS GEOGRÁFICOS*. Ediciones Cultura Hispánica del Centro Iberoamericano de Cooperación. Madrid 1979.

Sarmiento de Gamboa, Pedro. *VIAJES AL ESTRECHO DE MAGALLANES 1579 - 1584*. Emecé Editores S. A., Buenos Aires 1950.

Slight, George H. *BITÁCORA FARO EVANGELISTAS*. Ediciones Ondemand, Santiago de Chile 2023.

Stambuk Mayorga, Patricia. *La última isla del mundo y su historia jamás contada*. En: *ENSAYOS*. Tomo VIII de la Colección 500 años, auspiciada por la Ilustre Municipalidad de Punta Arenas. La Prensa Austral Impresos, Punta Arenas 2020.

Suplemento de "El Diario Ilustrado" de Santiago de Chile, 21 de noviembre de 1920: *Cuarto Centenario del Descubrimiento del Estrecho de Magallanes*.

Toledo, Nelson. *100 PERSONAJES HISTÓRICOS DE PATAGONIA Y ANTÁRTICA*. Impresos La Prensa Austral. Segunda edición, Punta Arenas 2010.

Urbina C., M. Ximena. *Expediciones a las costas de la Patagonia occidental en el período colonial*. MAGALLANIA (Chile), 2013. Vol. 41(2):51-83.

Vieira Guevara, Matías. *Aquí estuvo España. Aspectos sanitarios de la colonización española en el Estrecho de Magallanes*. An. hist. med. 2013; 23: 13 - 23.

Zweig, Stefan. *MAGALLANES. LA AVENTURA MÁS AUDAZ DE LA HUMANIDAD* [1936]. Ediciones Ultra, de ciudad y fecha no precisados.

Fuentes inéditas:

Archivo fotográfico patrimonial del Instituto de la Patagonia (Universidad de Magallanes).

Archivos y fotografías familia Brazil Alves. Cortesía Sr. Erigardo Mancilla Uribe.

Archivos y fotografías familia Dies Gonçales. Cortesía Sr. Juan José Diez Radovic.

Archivos y fotografías familia dos Santos Aprá. Cortesía Sr. Sergio dos Santos Aprá y Sra. Marianella dos Santos Gallardo.

Archivos y fotografías familia dos Santos Souza. Cortesía Sra. Josefa dos Santos Ruiz y Sr. Mario Scott dos Santos.

Archivos, cartas y fotografías familia Gomes da Motta. Cortesía Sr. Joaquín Monsalves Novakovic.

Archivos y fotografías familia Vicente Rita. Cortesía Sra. María Teresa Vicente Salles y Sra. Margarita Vicente Poklepovic.

Archivos y fotografías familia Vieira da Cunha.

Archivos patrimoniales Cementerio Municipal "Sara Braun" de Punta Arenas.

Cárcamo Velásquez, Elsio. *El Estrecho de Magallanes*. Manuscrito 2019.

Castro M., Belén. *Francis Drake en la Patagonia*. Trabajo inscrito en el proyecto de investigación "Cultura y fronteras: la literatura y sus aportaciones a la configuración imaginaria de la Araucanía y la Patagonia", dirigido por el Prof. Dr. Teodosio Fernández Rodríguez. Facultad de Filosofía y Letras de la Universidad Autónoma de Madrid. Fecha no precisada.

Chapman, Anne. Documental fílmico *Los Onas*. Cortesía Sr. Elsio Cárcamo Velásquez.

Consulado de Portugal en Punta Arenas.
- Certificados de inscripciones de súbditos portugueses 1914 - 1934.
- *Matricula dos Sidadões Portugueses* 1914 - 1934.

Henríquez Soto, Claudio; Vivar Morales, Andrea; Pérez Gutiérrez, Ruth. *Museo de Valparaíso… sus inicios*. DIBAM. Versión digitálica, consultada 22.01.2019.

Libro de actas da Colónia Portugueza em Punta Arenas, Chile, 1924 - 1927.

Liceo San José. *Nuestra historia*. http://www.liceosanjose. Consultado 22.01.2019.

MacEacheran, Mike. *New Bedford, la olvidada ciudad de Estados Unidos que alguna vez "iluminó al mundo"*. https://www.bbc.com/mundo/vert-tra-45014057. Consultado 22.05.2021.

Municipalidad de Punta Arenas. Francisco Sampaio. http://puntaarenas.cl/sampaio.htm. Consultado 22.01.2019.

Peral, Daniel. *Mário Soares, la muerte de un león europeo*. https://ctxt.es/es/20170111/Politica/10486/mario-soares-portugal-revolucionclaveles-cavaco.htm. Consultado 09.05.2019.

Registro Civil de Punta Arenas.

Sociedad de Beneficencia Portuguesa.
- Libro de actas 1931 - 1970.
- *Rejistro de Socios* abierto el año 1945.

Testimonios y recuerdos familiares: Margarita Vicente Poklepovic, María Teresa Vicente Salles, Cristina Vicente Salles, María Angélica Dollenz Ojeda, Sergio dos Santos Aprá, Marianella dos Santos Gallardo, Eugenio Covacevich Vieira, Sergio Fortes Marshall, Beatriz Rodríguez Fernández, Pablo Rendoll Balich, Matías Vieira Guevara, Josefa dos Santos Ruiz, Alicia Monsalves Colivoro, Joaquín Monsalves Novakovic, Juan José Diez Radovic, Erigardo Mancilla Uribe, Ernesto Fernández de Cabo Arriado, José Nelson de Sousa Pinto, Mario Scott dos Santos.

Vieira Volpi, Armando. *Arthur Vieira da Cunha, fundador de la familia Vieira en Chile*. Semblanza presentada en reunión familiar ("Vieirada") en Santiago de Chile, 1990.

Generosos comentarios de mis parientes, amigos y otras personas.

¡Imagínate lo que voy a demorar en terminarlo! Porque los libros que me gustan no los leo, los estudio. Y tu libro es extraordinario. Voy embarcada navegando en los cinco barcos, desembarcándome con los marineros de Magallanes, muriéndome con ellos, luego con la expedición de Sarmiento de Gamboa. Gracias por hacerme vivir aventuras increíbles.

Carmen Noziglia del Nido
(Amiga, médico pediatra, historiadora)
Viña del Mar, 2021

Felicitaciones por el gran trabajo investigativo, con un resultado ameno y riguroso.

Juan Manuel Soto Céspedes
(Amigo, médico pediatra)
Punta Arenas, 2021

Me llegó tu libro!!! Qué bien impreso! Qué atractivas las fotos! Muy buen complemento al texto! Todas mis felicitaciones!!!

Francisca Rosene Guevara
(Prima, socióloga, licenciada en historia)
Santiago de Chile, 2021

Me pareció extraordinario. Rescatas hechos desconocidos y anécdotas inéditas, relatas muy bien lo que es interesante y haces ameno lo que no lo sería, honras sin aspavientos a Magalhães, a Portugal y a la familia. Felicitaciones y un abrazo.

Eugenio Covacevich Vieira
(Primo, ganadero)
Estancia Armonía, Tierra del Fuego, 2021

Me gustó lo definido de los capítulos y el de los cónsules en Punta Arenas: cómo se dio, las envidias, es como ver a todas las colectividades y no escapa mucho a la realidad de hoy. Te felicito, un gran esfuerzo y honesto en lo que "no sé, no opino, no me meto". No muchos escritores son tan sinceros. Felicidades, un gran esfuerzo y bien hecho.

Rodrigo Fernández Dübrock
(Amigo, cónsul de España)
Punta Arenas, 2021

Encarrega-me o Senhor Primeiro-Ministro de agradecer-lhe o envio do seu livro sobre *Los Portugueses en Magallanes*.

A evocação da história da comunidade portuguesa no Chile, num momento em que comemoramos os 500 anos da viagem de Fernão de Magalhães, assume uma importância acrescida para a celebração dos contactos entre os dois países.

O Chile foi um dos países mais expostos ao impacto da viagem de Magalhães, que estabeleceu a comunicabilidade entre o Atlântico e o Pacífico e abriu as rotas globais de navegação. Mas Fernão de Magalhães foi apenas o primeiro português a chegar ao Chile, muitos outros lhe seguiram os passos ao longo dos séculos. É importante que o contributo cultural, político e social dos portugueses para a sociedade chilena não seja esquecido.

Francisco Alegre Duarte
(Assessor Diplomático Gabinete
do Primeiro Ministro António Costa)
Lisboa, 2021

Muy interesante. No sabía que había y hubo tantos portugueses por mi tierra. Tienes un exhaustivo estudio investigativo allí. Te felicito. Da para leerlo varias veces, por lo mismo. Difícil retener todo de una. Muy, pero muy bueno.

Bride Fugellie Gezan
(Prima, educadora)
Estancia Armonía, Tierra del Fuego, 2021

El Dr. Vieira, como le conocemos y apreciamos por años en esta tierra y agradecemos esa entrega profesional que abrió las puertas de los afectos que merecidamente se ha granjeado. Él es el autor de estas sinceras páginas que justifican ese antiguo dicho "la sangre no es agua". A la memoria de su abuelo, deja a la vista en su sangre *"toda aquela saudade que atravessa as memórias"*.

Es éste un trabajo de historia que merece la atención de quienes tienen la misión de difundir el conocimiento del pasado de esta tierra nuestra… *"Quien no sabe de dónde viene, no sabe adónde va"*.

Antonio Deza González
(Escritor, editor de "El Fortín del Estrecho")
Punta Arenas, 2021

Una vez más felicitamos el trabajo de investigación y su aporte a nuestra historia social, a través de un relato que entrega información hasta ahora poco conocida sobre la comunidad lusa en Magallanes.

Juan Oyarzo Pérez
(Rector Universidad de Magallanes)
Punta Arenas, 2021

Matías Vieira Guevara (Cônsul Honorário de Portugal em Punta Arenas, é Médico de formação e neto de portugueses), honra a pátria dos seus avós com uma crónica histórica brilhante dedicada aos portugueses que chegaram e se instalaram na região mais austral do Chile.

Trata-se de uma obra histórica única, que une Portugal e o Chile num momento histórico tão significativo como é o da celebração do V Centenário da Viagem de Circum-Navegação de Fernão de Magalhães e Sebastián Elcano.

O livro foi apresentado no Chile a 17 de Dezembro 2021. Os nossos parabéns ao autor e à toda a comunidade portuguesa radicada no Chile.

Luís Sequeira
(Conselheiro Económico e Comercial
Embaixadas de Portugal no Chile e Peru)
Santiago do Chile, 2021